謝　辞

　本書付録ＣＤの原版作製には京都外国語大学の協力を得ました。とくに記して感謝します。

著　者

ドイツ語とのつきあい方

乙 政 潤 著
B. ノイベルガー 校閲

東京 **大学書林** 発行

はしがき

　ちょっと変わった書名であります．

　ドイツ語は人間ではありませんから，ドイツ語とつきあうという言い方は少し変です．でも，「ドイツ語を習う」と正面切って言うかわりに肩の力をぬいて，とりあえず「つきあってみる」と考えればずっと気が楽になると思いませんか．

　一口につきあうと言っても，この世の中にはいろいろなつきあい方があります．やむなくつきあわなければならない場合があります．相手を選べない「つきあい」です．
　あるいは，まずはどういう相手なのか小手調べをしてみたあとで，相手を気に入ればいちだんと交際を深めていこうか，というのも「つきあい方」としては大いに考えられる態度であります．そんな場合，はたから見守っていてくれる人がいればなあと思った経験はありませんか．
　それとも，折角なんとかつきあいはじめたのに，相手がぶっきらぼうそうなので，相手をよく知るまえにつきあいを止めてしまったが，あとになって惜しいことをした，あのとき誰かがちょっと助言してくれていたらなあと思った経験はありませんか．

　著者は，どんなきっかけからにせよ，そしてまた，自分から進んでであろうと嫌々ながらであろうと，これからドイツ語とつきあいをはじめようとしている人に助言する目的で本書を書きました．

　つきあいをはじめるにあたって心得ていなければならないことが一つあります．
　それは，こちらから進んで相手のシステムに乗ってやらなければならないということです．
　うどん屋さんのたとえで話しましょう．
　従来どおりのシステムのうどん屋さんでしたら，いきなり黙ってテーブルに陣取り，店の人が注文を聞きに来るのを待っていればよいのですが，最近

の新しくシステム化されたうどん屋さんではこのやり方は通じません．うどんを食べようとしますと，そのお店の「システム」に乗らなければなりません．つまり，入り口でメニューをみて注文をきめ，それから食券を買い，食券を①の窓口で渡して，②の窓口でできるのを待って，うどんを受け取る，それから空いた席へと持って行って食べる―といったシステムに乗らなければなりません．

ドイツ語とつきあおうとするなら，ドイツ語独特の「システム」を呑み込むことが必要です．英語で習ったときにおぼえた英語の「システム」の知識を応用しようとしても，効き目はありません．まるきり「システム」が違うのですから．

うどん屋さんですと，ときには「お客様へ．当店のシステムについて」のような案内が掲示されているかも知れませんが，ドイツ語がそんなことをしてくれるはずもありません．

この本はドイツ語にはドイツ語独自の「システム」があることを読者に呑み込んでもらえるよう，どういう点がドイツ語独特の「システム」であるのかに力を入れて解説することを目指しています．

しかし，「システム」を了解したからと言って，「システム」に乗るための「手続き」ものみ込んだとは言えないでしょう．「手続き」もちょっとこの場では似つかわしくないことばですが，文法の本質は「手続き」なのであって，文法にかなった正しい言葉遣いをするとは，結局，順序よく適正な手続きをふむことにほかなりません．

ドイツ語独自の「システム」の要点を解説したあと，「システム」に慣れるための手続きを具体例によって示すようにしています．そしてそのあとに，読者が了解された手続きを身につけるための練習問題を添えています．

ドイツ語とつきあいをはじめられるにあたって，ぜひお勧めしたいことがあります．それは，どんな場合でもドイツ語を口に出して言ってみることです．文や句ならば当然ですが，たとえ単語一つであっても，声に出して言うように自分を習慣づけましょう．これを音読といいます．みなさんはもう長いあいだ，国語の教科書でも，英語の教科書でも音読をしていないのではありませんか．音読を幼稚だと思ってはなりません．別に人に聞かせる訳ではないのですから，自分から下手だなどと思わないで気楽に音読してください．

はしがき

　音読すれば単語になじむことになって自然に単語をおぼえます．リズムもイントネーションも自ずから身に付いてきます．文を作るときの単語を並べる順序も，ドイツ語を音読しているうちに自然に分かります．

　音読する習慣を身につければ，ドイツ語を口に出して言うのがおっくうでなくなります．ドイツ語を口に出して言うのがおっくうでなくなれば，会話だって自然にできるようになります．

　そのうえ，つかえずに音読することができるようになると，意味のつかみ方が自然に早くなるものです．

　音読の助けになるように音標文字を添えました．音標文字というとちょっと見にはむつかしそうですが，音標文字は発音の仕方を教えている記号ですから，記号の意味さえ呑み込んでしまえば，かえって簡単で正確です．

　著者の助言で読者がドイツ語の「システム」を呑み込んで，ドイツ語とのつきあいに少しでも楽に入っていけるようであれば，たいへんうれしく思います．

　本書によってドイツ語とのつきあいをうまくはじめることができた人は，こんどは書店に並んでいるより詳しい参考書や問題集を入手して自力で勉強を進めて行ってください．

　　　　　　　　　　　　　　　　　　　　　　　　2013年春
　　　　　　　　　　　　　　　　　　　　　　　　　著　者

目　　次

第Ⅰ章　小手調べ篇 …………………………………………… 11
第Ⅱ章　アルファベート ……………………………………… 21
第Ⅲ章　気をつけたい読み方 ………………………………… 35
　　1．子音字の結合 ………………………………………… 36
　　2．位置によって読み方が変わる子音字 ……………… 37
　　3．母音字の結合 ………………………………………… 41
第Ⅳ章　不定詞から定形へ …………………………………… 43
　　1．主語の人称と数 ……………………………………… 44
　　2．定形 …………………………………………………… 44
第Ⅴ章　不定冠詞のバラェティ ……………………………… 51
　　1．名詞の性と格 ………………………………………… 52
　　2．名詞の複数形 ………………………………………… 54
　　3．不規則動詞：sein* …………………………………… 57
　　4．不規則動詞：haben* ………………………………… 60
第Ⅵ章　定冠詞のバラェティ ………………………………… 63
　　1．定冠詞と不定冠詞の使い分け ……………………… 64
　　2．「定冠詞＋名詞」の格変化 ………………………… 65
　　3．名詞の格変化の例外 ………………………………… 70
第Ⅶ章　不定詞句から文へ …………………………………… 75
　　1．不定詞句の構造 ……………………………………… 76
　　2．不定詞句の拡張 ……………………………………… 77
　　3．配語順の原理 ………………………………………… 80
　　4．形容詞の述語用法 …………………………………… 81
　　5．形容詞の目的語 ……………………………………… 82
第Ⅷ章　文の変形 ……………………………………………… 87
　　1．定形第2位 …………………………………………… 88
　　2．疑問文の作り方 ……………………………………… 92
　　3．否定文の作り方 (1) ………………………………… 94

目　次

　4．否定文の作り方（2）……………………………… 96
　5．疑問文に答える …………………………………… 104
第Ⅸ章「冠詞類」のバラェティ ………………………… 111
　1．「冠詞類」のはたらき ……………………………… 112
　2．タイプ①の実例：dieser「この」………………… 112
　3．タイプ②の実例：mein「私の」………………… 114
第Ⅹ章　動詞の例外的な手続き ………………………… 125
　1．手続きの例外について …………………………… 126
　2．不定詞が-nで終っている動詞に関する例外 …… 126
　3．duの定形の作り方に関する例外 ………………… 128
　4．du, er/sie/esおよびihrの定形の作り方に関する例外 … 129
　5．不規則な変化をする動詞 ………………………… 130
第Ⅺ章　いくつかの重要な区別 ………………………… 135
　1．自動詞と他動詞の区別 …………………………… 136
　2．前置詞格目的語と空間前置詞句の区別 ………… 139
　3．3格と4格の区別 ………………………………… 142
　4．「座っている」と「座る」の区別 ………………… 145
　5．分離動詞と非分離動詞の区別 …………………… 152
第Ⅻ章　複合された不定詞句 …………………………… 157
　1．6時称と複合時称 ………………………………… 158
　2．未来時称 …………………………………………… 158
　3．基礎動詞の3基本形 ……………………………… 162
　4．複合動詞の3基本形 ……………………………… 163
　5．完了時称 …………………………………………… 165
　　5-1．現在完了 …………………………………… 166
　　5-2．過去完了 …………………………………… 170
　　5-3．未来完了 …………………………………… 175
　6．受動態 ……………………………………………… 177
　7．話法の助動詞と使役動詞 ………………………… 183
第ⅩⅢ章　付加語形容詞の変化 …………………………… 191
　1．付加語形容詞と冠詞類 …………………………… 192
　2．冠詞類が語尾を欠く格 …………………………… 199

目　次

第XIV章　細則の蔵 …………………………………………… 205
　1．形容詞の名詞化 …………………………………………… 206
　2．状態受動 …………………………………………………… 207
　3．不定代名詞 man …………………………………………… 208
　4．自動詞の受け身 …………………………………………… 210
　5．zu つきの不定詞 …………………………………………… 213
　6．副文と主文 ………………………………………………… 214
　7．関係代名詞 ………………………………………………… 216
　8．融合形 damit および人称代名詞の2格 ………………… 220
　9．形容詞・副詞の比較変化 ………………………………… 221
　10．数詞 ………………………………………………………… 223
　　　10-1．基数 ………………………………………………… 223
　　　10-2．序数 ………………………………………………… 225
　11．直説法と命令法 …………………………………………… 227
　12．直説法と接続法第Ⅰ式 …………………………………… 230
　13．直説法と接続法第Ⅱ式 …………………………………… 233
　14．願望の控えめな表現 ……………………………………… 235
　15．仮定的前提と仮定的結論 ………………………………… 236
　16．接続法第Ⅱ式の代替形式 ………………………………… 239
　17．間接話法 …………………………………………………… 240

索引 ……………………………………………………………… 247

　　ドイツ語の筆記体 (1) …………………………………………… 10
　　ドイツ語の筆記体 (2) …………………………………………… 20
　　ドイツ語の筆記体 (3) …………………………………………… 34
　　ドイツ語の筆記体 (4) …………………………………………… 42
　　ドイツ語の筆記体 (5) …………………………………………… 50
　　曜日の名前・月の名前 ………………………………………… 62
　　一日の時間帯とあいさつ ……………………………………… 86
　　季節・方位 ……………………………………………………… 124
　　現在完了と過去の使い分け …………………………………… 190
　　名詞化形容詞の辞書への登録 ………………………………… 246

ドイツ語の筆記体 (1)　　　（つづきは20ページにあります）

a b c d e f g

h i j k l m n

o p q r s t u v

w x y z ß ä ö ü

第 I 章

Track ①

小手調べ篇

　何事も，本式にとりかかるまえにちょっと試しにやってみるのはいいことです．英語を習いはじめた頃のことを思い出しましょう．新しく外国語をおぼえるのは嬉しいものでした．白紙に習った単語や文を書き込んでいくのは楽しいことでした．
　あのころの感激をもう一度体験しましょう．

第 I 章　小手調べ篇

1. ドイツ語を習うのですから，まず「ドイツ語」をドイツ語で何というのかおぼえましょう．

　ドイツ語は

Deutsch

といいます．

　なんだかむつかしそうですが，綴りの読み方をおぼえれば何でもありません．

　まず，euはローマ字を読むように「e」と「u」を別々に読まないで，「o‿i」と読むのだとおぼえてください．ただ，音標文字では[ɔʏ]と表すことになっています．

eu = [ɔʏ]

　あとに続いているtschが表すのは，英語がchで表す音と同じです．つまりchurch「教会」とかchalk「チョーク」などのchの発音です．音標文字では[tʃ]とあらわします．

ドイツ語 tsch = [tʃ] = 英語 ch

　そこでDeutsch全体を音標文字で表せば下のようになります．

[dɔʏtʃ]

　本書では発音は音標文字で記します．カタカナは使いません．音標文字に慣れましょう．慣れれば苦にならなくなりますし，正確で便利です．

　ではもう一度「ドイツ語」と言ってください．そして綴りを書いてみてください．ブロック体でけっこうです．

Deutsch
[dɔʏtʃ]

　「ドイツ語」をおぼえたのですから，こんどは「私はドイツ語を習う」という言い方をおぼえましょう．

まず「私は」ですが，ドイツ語では

<h2 style="text-align:center">ich [ɪç]</h2>

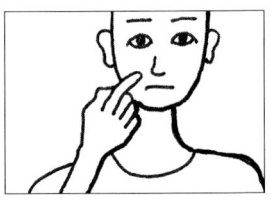

といいます．英語では「私は」はIと大文字で書きますが，ドイツ語では文のはじめ以外では小文字ではじめます．

　ichのiは音標文字[ɪ]であらわします．[ɪ]は日本語のイと同じ口の形で発音すると思ってください．

<h3 style="text-align:center">[ɪ]≒日本語のイ</h3>

　chはローマ字読みはできません．関東地方の人は「火」を「シ」のように強く発音しますが，あの要領です．舌の先を下の前歯の裏に触れさせるとともに舌を硬口蓋にむかって押し上げます．こうして作った狭いすき間から息を押し出します．音標文字はcにしっぽが生えた[ç]です．

<h3 style="text-align:center">ch = [ç]</h3>

　ich [ɪç]を繰りかえし発音して慣れてください．
　繰りかえすにつれてなんとなくドイツ語を話しているような気分になってきませんか．ichの発音には，ドイツ人らしく断然自分を主張してやまない強さが感じられます．

　「私」も「わたし」も「ボク」も「オレ」も「わし」もみなichです．区別はありません．

さて，「私はドイツ語を習う」は

<h2 style="text-align:center">Ich lerne Deutsch.</h2>
[ˈlɛrnə]

といいます．「習う」lerneのはじめのlの字が表す音は音標文字でも[l]で表します．文字そのものと変わりませんが，「舌の先を上歯茎に押しつけて発音せよ」という記号ですので，そのとおりにしてください．しっかりと押しつけないと，舌の先がふるえて日本語のラ・リ・ル・レ・ロのような発音

第Ⅰ章　小手調べ篇

になってしまいます．一方，le*r*ne の r の方は日本語の「ル」を発音するように発音します．

　lerne にふくまれている 2 個の e のうち ler- にふくまれている e の発音は音標文字[ɛ]で表され，日本語のエとほぼ同じです．

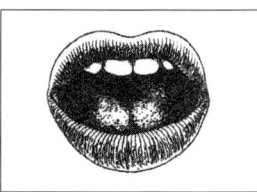

[ɛ] ≒ 日本語のエ

しかもこの場合の e [ɛ]は**強く**発音します．つまり**アクセント**を置いて発音します．[ˈ]が e [ɛ]の直前ではなくて[l]の前に打ってありますから，[lɛ]をひとまとめにして強く読まなければなりません．単語のなかに二つ以上の母音字がふくまれている場合，どれにアクセントが置かれるかは辞書で調べます．

　逆に lerne の -ne にふくまれている e [ə]にはアクセントがありません．むしろ，**つぶやくような要領ですこし弱く**発音します．

[ə] ＝ あいまいな**弱母音**

　[ə]も前の[n]とひとまとめにして[nə]と読みます．ドイツ語はこのような発音上の強弱をはっきりさせる言葉です．

　日本語のように ler- も -ne もおなじ強さでなだらかに発音してはドイツ語らしさが出ません．

　英語のことをドイツ語では

Englisch
[ˈɛŋlɪʃ]

といいます．[ɛ]は日本語の「エ」と同じ要領で発音するのでした．[ˈ]が語頭の母音にアクセントが置かれることを示しています．[ŋ]は音標文字のかたちからして n と g のあいだに間をおかないでつづめて発音することが分ります．sch は英語が sh で表す音[ʃ]をあらわします．

ドイツ語 sch ＝ [ʃ] ＝ 英語 sh

　そこで，「私は英語を習う」は

— 14 —

Ich lerne Englisch.

となります．
　スウェーデン語はドイツ語では

Schwedisch
['ʃveːdɪʃ]

といいます．ドイツ語ではwの字が英語の[v]の音を表すのです．

（ドイツ）w = [v] = v（英語）

　Schwedischの e の発音は，さっきのlerneの e [ɛ]とちがって，e [eː]です．これは「唇を左右につよく引いて長く発音する」ことを表す記号です．長母音ですので，Schwedischの e の上にバーを引いて（Schwēdisch）心おぼえにしましょう．
　それでは「私はスウェーデン語を習う」と言ってみましょう．

Ich lerne Schwedisch.

ここまでにやったことを復習しましょう．

《練習》
　それぞれの日本語の意味をドイツ語で書いてください．ブロック体でけっこうですが，もしドイツ語の筆記体をおぼえたければ別ページの付録を参照してまねてください．
1) 私はドイツ語を習います．

　---

2) 私はスウェーデン語を習います．

　---

3) 私は英語を習います．

第Ⅰ章　小手調べ篇

《チェック・ポイント》
自分の答えについて次の点をチェックしてください．
[　　] ①どの文のはじめも大文字ではじめていますか？
[　　] ②どの文の終わりにもピリオドが打ってありますか？
[　　] ③Deutschを大文字で書きはじめていますか？
[　　] ④Schwedischを大文字で書きはじめていますか？
[　　] ⑤Englischを大文字で書きはじめていますか？
答は下のとおりです．

【解答】1)　Ich lerne Deutsch.　　2)　Ich lerne Schwedisch.　　3)　Ich lerne Englisch.

さて，ここでひとつドイツ語のシステムの一つに注目していただきましょう．
「私はドイツ語を習います」というドイツ語で使った「習う」という動詞は „lerne" でした．ところが辞書で「習う」を引きますと，„lernen" と記されています．„lerne" と „lernen" はよく似ていますが，やはり違います．完全な同形ではありません．
これは何を意味するのでしょうか．
Ich lerne Deutsch. で使った „lerne" と辞書で見つけた „lernen" にはこんな違いがあります．
„lerne" は文の主語ichに対応した形です．ですから，„lerne" の意味はたんに「学ぶ」ではなくて，「ich専用の『学ぶ』」です．それに対して „lernen" は対応する主語が決まっていないで，ただ「学ぶ」という行為だけをあらわしています．
ドイツ語では，対応する主語が決まっていないで，ただ行為だけをあらわしている動詞の形を**不定詞**と呼び（不定形という呼び方もある），対応する主語が決まっている動詞の形を**定形**と呼んで区別します．
私たちはドイツ語の動詞を使うとき，不定詞と定形を区別しなければなりません．
文の述語に使うのは定形です．
文を作るとき，辞書に記載されている不定詞をそのまま文の述語に使うことができません．かならず不定詞を定形に変えてから使います．

— 16 —

いまは定形のバラェティをおぼえる必要はありません．不定詞を定形に変える手続きはのちほど紹介します．ここではとりあえずシステムを了解してください．

2. 「これは何ですか」というのをドイツ語では

Was ist das?
[vas] [ɪst] [das]

といいます．英語はWhat is this?です．
　この疑問文は，英語の場合とおなじように下がりイントネーションで読みます．
　ドイツ語は「これ」も「あれ」も「それ」も区別しません．「これ」もdas，「あれ」もdas，「それ」もdasです．
　Was ist das?と尋ねられて，「それはチューリップです」と答えるには

Das ist eine Tulpe.
[das] [ɪst] [ˈaɪnə] [ˈtʊlpə]

といいます．Tulpeが大文字で始められているのに御注意ください．**ドイツ語は普通名詞も頭文字は大文字です．**
　eineが英語の a にあたります．つまり不定冠詞です．eineにふくまれる母音eiはローマ字を読むように「e」と「i」を別々に読まないで，「a_i」と読みます．これを音標文字では[aɪ]とあらわします．

ei = [aɪ]

　ここでまたドイツ語のシステムが顔を出しました．
　eineを辞書で引きますと，「→ ein」と書いてあります．→ は「参照せよ」という意味ですから，ここでは「eineの意味についてくわしく知りたければeinの項を参照しなさい」ということを意味しています．辞書によってはeineについて「不定冠詞．女性単数1・4格」のような情報を加えているかもしれません．でも，究極的には「→ ein」としています．
　これは何を意味するのでしょうか．

— 17 —

第Ⅰ章 小手調べ篇

　„eine" を引いたとき辞書が参照するように指示している „ein" は，じつは不定冠詞の代表形なのです．そして，この代表形の下に „einen" とか „einer" とか „einem" とか „eines" とか „ein" とかいろいろなバラェティがあるのです．„eine" もむろんその一つです．

　私たちはドイツ語の文のなかで不定冠詞を使うとき，辞書に載っているからといって „ein" の形を無条件に名詞にかぶせて使うことはできません．かならず „ein" のバラェティのなかから問題の名詞に合致した形を選び出して，それを使わなければなりません．

　いまはまだバラェティをおぼえる必要はありません．また，「問題の名詞に合致した形」を選び出す手続きはのちほど紹介します．ここではドイツ語の不定冠詞についての上のようなシステムをまず頭に入れてください．

《練習》

　それぞれの日本語の意味をドイツ語で書いてください．使う不定冠詞のバラェティはいずれも上の例とおなじです．

1) これは何ですか．バラ（Rose）です．

　　..

　　..

2) これは何ですか．すいせん（Narzisse）です．

　　..

　　..

3) これは何ですか．なでしこ（Nelke）です．

　　..

　　..

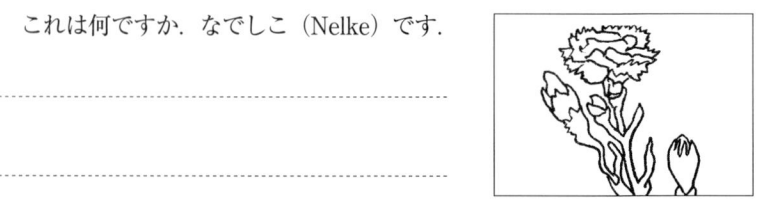

《チェック・ポイント》
　自分の答えについて次の点をチェックしてください．
　[　　]　①どの文も大文字ではじめていますか？
　[　　]　②どの疑問文も？で終っていますか？
　[　　]　③疑問文以外の文の終わりにはピリオドが打ってありますか？
　[　　]　④Roseを大文字で書きはじめていますか？
　[　　]　⑤Narzisseを大文字で書きはじめていますか？
　[　　]　⑥Nelkeを大文字で書きはじめていますか？
　答は下のとおりです．

【解答】1)　Was ist das? Das ist eine Rose.　　2)　Was ist das? Das ist eine Narzisse.　　3)　Was ist das? Das ist eine Nelke.

ドイツ語の筆記体 (2)　　　　　（つづきは34ページにあります）

A B C D E F G

H J J K L M N

O P Q R S T U

V W X Y Z

第 II 章

Track②

アルファベート

　外国語を習うときまずはアルファベットからおぼえるのが常道です．

　本章ではドイツ語のアルファベットを説明しましょう．

　アルファベットというのは英語の場合の呼び方でした．ドイツ語ではアルファベート[alfaˈbeːt]といいます．

　アルファベットと言ってもアルファベートと言っても，ギリシア文字の最初の二字アルファ（α）とベータ（β）をあわせて呼んだことに基づく名前ですから，日本語でイロハと言うのと似ています．

第Ⅱ章　アルファベット

1. アルファベットの綴りは英語とおなじで

Alphabet

と書きますが，御覧のように大文字で書きはじめることになっています．**ドイツ語ではどんな名詞でも大文字で書きはじめるのです**．人の名前や国の名前だけではありません．

　アルファベットを音標文字で書くと

[alfaˈbeːt]

です．[ˈ]の印は，[beː]の部分を強く発音しなさいということを教えています．ですから，日本語を読む調子でなだらかに読んではいけません．[beː]の部分に力を入れます．単語には強く読む部分と弱く読んですませる部分とがあるのです．それから，[beː]の部分を強く発音すると同時に長く発音するということもこの単語の発音としてはじめから決まっているのですから，それを守らなければなりません．それぞれの単語のどの部分を強く発音するか，あるいはどの部分を長く発音するかは一つ一つの単語についてみな決まっているのです．分からないときは，辞書を引けば教えてくれます．ドイツ語の新しい単語に出会ったら，心おぼえのために

Alphabēt

のように長く引っ張って発音しなければならない母音の上にバーを引いておきましょう．また，強く読む母音の下には（ ͜ ）印をつけましょう．自分で習慣づけてください．

　音標文字を嫌ってはいけません．音標文字は発音の仕方を教えてくれる記号なのですから，音標文字の意味を一つ一つおぼえることです．たとえば，[l]という音標文字は，「発音するときに舌の先を上の歯茎の根元にしっかりと押しつける」ということを意味しているのです．ですから，[l]を発音するときは，舌の先を上の歯茎にしっかりと押しつけるくせを自分につけましょう．しっかりと押しつけるのを怠ると，舌の先が動いてしまい，日本語のラ・リ・ル・レ・ロのときの発音になってしまいます．

　phがfと同じ発音であることは英語を習った人にはおなじみです．上の歯で下唇を軽く押さえてから息を吐き出すと[f]の音になります．

2. アルファベットをおぼえるとは一つ一つの字の名前をおぼえることですが，なぜ字の名前をおぼえることが大切なのかといいますと，字の名前がその字の表す音を含んでいるからです．単語はこの音を並べて作られます．以下，字の名前のほかに単語の例を挙げておきますから，それらも発音してください．

アルファベットの最初の文字A/a [aː]は口を自然に大きく開き[aː]と発音します．ほかに何の工夫もいりません．[ː]は「長く引き延ばせ」という指示です．

A a [aː]

Tal [taːl] 谷

Talにふくまれている[l]という音標文字の意味はもう御存知ですね．「舌の先を上歯茎にしっかりと押しつけて発音する」という記号でした．

A/aは単語のなかで使われるときに短く発音されることもありますが，やはり[aː]とおなじように口を自然に大きく開き[a]と短く発音すればよいのです．

Mann [man] 男性

B b [beː]

B [beː]は唇を閉じておいてから，唇を左右に引いて[eː]と言えばよいのです．まず唇を閉ざしますが，このことを身体でおぼえるのがBという字の名前をおぼえる目的です．

Bank [baŋk] 銀行／ベンチ

[ŋ]の音標文字はEnglisch[ˈɛŋlɪʃ]で出てきました．b-a-n-kと連続して発音するとき，kの前のnは[n]ではなくて[ŋ]です．意識しなくてもそうなりますから，わざわざ練習するにはおよびません．日本語で「天下」を発音してみるとわかります[teŋka]．kの字やgの字のまえのnの字は日本語の「天下」のンです．

第Ⅱ章　アルファベット

C c [tse:]

C [tse:]にふくまれる[ts]は軽く開いた上下の歯のあいだに舌の先を押し当てて発音します．[ts]という音標文字は[t]と[s]を並べてあることから日本語の「ツ」と同じだと分かるでしょう．

Celle ['tsɛlə] ツェレ（ドイツの都市の名）

この単語には母音が二つふくまれています．[ɛ]と[ə]です．[']は[ɛ]の方にアクセントをおいて子音[ts]とともに強く発音することを教えています．

D d [de:]

D [de:]にふくまれる[d]は上歯茎の根元に舌の先を軽く押し当てて息を吐き出します．

下の発音の実例にBankに出てきた[ŋ]がふくまれています．「天下」と言うときのンです．

Dank [daŋk] 感謝

E e [e:]

E [e:]は B [be:]，C [tse:]，D [de:]でもうおなじみになってしまいました．唇を左右に強く引いてください．日本語のエの場合よりもずっと強く．

Ebene ['e:bənə] 平野

この字も単語のなかで使われるときに短く発音されることがありますが，短い場合の発音は日本語の「エ」の発音に近いので，唇をそれほど強く左右へ引く必要はないのです．

Ende ['ɛndə] 端

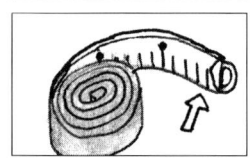

F f [ɛf]

F [ɛf]にふくまれている[ɛ]は，上の説明にも出てきました．日本語の「エ」の発音に近い音です．[f]は英語にもありましたからおなじみだと思います．上の歯で下唇を軽く押さえてから息を破裂させます．

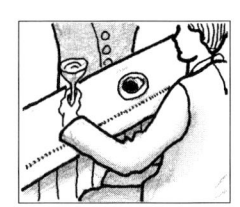

Falke ['falkə] 鷹

G g [ge:]

G [ge:]は，[g]のあとに母音[e:]を続けるのです．B[be:], C[tse:], D[de:]は同じ母音を持っています．

Gast [gast] 客

H h [ha:]

H [ha:]のはじめの[h]は「息を強く出す」という記号です．日本語で「ハー」と言うときよりももっと強く息を出してください．

Haus [haʊs] 家

I i [i:]

I [i:]の発音は，唇を左右に極めて強く引き，歯を見せます．

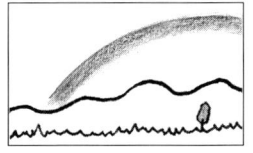

Iris ['i:rɪs] イリス（ギリシア神話で虹の女神）

この字も別の単語のなかで使われるときに短く発音されることがありますが，短い場合の発音は日本語の「イ」とおなじで，唇をそれほど強く左右へ引く必要はありません．['i:rɪs]には長い['i:]と短い[ɪ]の両方が使われています．

Ich [ɪç] 自我（哲学の用語）

J j [jɔt]

J [jɔt]にふくまれている[j]は英語の Y の字があらわしている音です．[j]の音を出しはじめるとき口のかまえを堅くしてください．ゆるくすると英語の Japan [dʒəˈpæn]の[dʒ]の発音になってしまいます．

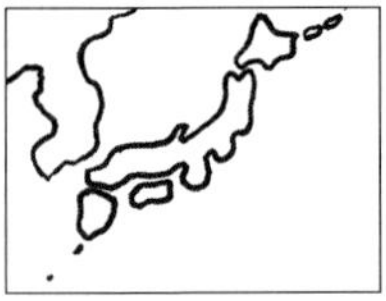

Japan [ˈjaːpan] 日本

K k [kaː]

K [kaː]の語頭の[k]は力をこめて発音してください．日本語の「カ」の発音よりももっと強い破裂音です．K [kaː]に含まれている母音[aː]は Japan の Ja- に含まれている[aː]と同じです．

Kant [kant] カント（ドイツの哲学者の名前）

L l [ɛl]

L [ɛl]にふくまれる[l]の発音法はすでに何度か説明しました．「舌の先を上歯茎にしっかりと押しつけて発音する」よう心がけてください．しっかりと押しつけなければ，舌の先がふるえてしまい，日本語の「ラ・リ・ル・レ・ロ」の音になってしまいます．[ɛl]の母音[ɛ]は日本語の「エ」のつもりで結構です．

Lampe [ˈlampə] 電灯

M m [ɛm]

[m]はまず上下の唇を閉じてから発音します．

Mantel [ˈmantəl] コート

N n [ɛn]

N [ɛn]を発音すると息が鼻に抜けます．

Name [ˈnaːmə] 名前

O o [o:]

O [o:]では唇を意識的に丸めて突き出します.

Boden ['bo:dən] 地面

　短く発音する場合もあります．その場合は日本語の「オ」と同じで，唇をつき出すのをひかえ目にし，ただ丸くすればよいのです．

Onkel ['ɔŋkəl] おじ

P p [pe:]

P [pe:]はB [be:]の濁らない場合と同じですから，まず唇を閉じてから破裂させます．

Palme ['palmə] 椰子

Q q [ku:]

　字の名前は[ku:]ですから，Q/qという字は単独で[k]音を表すはずですが，実際の単語中ではquという結合でしか現れません．そして，vという字を含んでいないにもかかわらずquは[kv]と発音されます．

Quelle ['kvɛlə] 泉

R r [ɛr]

日本語のラ・リ・ル・レ・ロと同じ要領で発音してください．

Ratte ['ratə] 鼠

第Ⅱ章　アルファベット

S s [ɛs]

[s]は日本語のスの要領で発音してください.

　　　　　Maske ['maskə] 仮面

T t [te:]

T [te:]はD [de:]の濁らない場合と同じですから，上歯茎の根元に舌の先を軽く押し当てて息を吐き出しますと[t]の音になります.

　　　　　Tante ['tantə] おば

U u [u:]

唇を極端に突き出して発音します.

　　　　　Ufo ['u:fo] ユーフォー

短く発音する場合もあります．その場合は日本語の「ウ」と同じで，唇はそれほどつき出す必要はありません．

　　　　　Ultra ['ʊltra] 過激派

V v [faʊ]

英語と違ってf [f]の音を含んでいます．[aʊ]という母音は[a]と[ʊ]を続けて発音するわけですから「アウ」となるはずですが，「アオ」のつもりで発音するとドイツ語らしく聞こえます．[f]をうまく発音するには，上の歯で下唇を軽く押さえてから息を破裂させます．

　　　　　Vogel ['fo:gəl] 鳥

W w [veː]

W [veː]には英語の[v]の音がふくまれています．[v]は[f]が濁った音にすぎませんから，発音の要領は[f]の場合と同じです．上の歯で下唇を軽く押さえてから息を破裂させるのがコツです．

Wagen [ˈvaːgən] ショッピングカート

X x [ɪks]

X [ɪks]の名前から最初の母音を除いた[ks]が単語のなかで使われる音です．

Examen [ɛˈksaːmən] 試験

英語の[ɪgzæməˈneɪʃən]のように x の発音が濁りませんから御注意．

Y y [ˈʏpsilɔn]

Y [ˈʏpsilɔn]とは変わった名前ですが，最初の[ʏ]の発音が少々練習を必要とします．発音の要領はつぎのとおりです．口の中で[ɪ]と言いながら唇を[ʊ]を発音するときのように丸くします．すると「ユ」とも「イ」とも聞こえる音ができます．これが[ʏ]で表される音です．発音の練習は字の名前でしましょう．

Y [ˈʏpsilɔn] ユプシロン

長く発音する場合もあります．その場合の音標文字は[yː]ですが，発音の要領はおなじです．口の中で[iː]と言いながら唇を[uː]と言って突き出します．

Typ [tyːp] タイプ

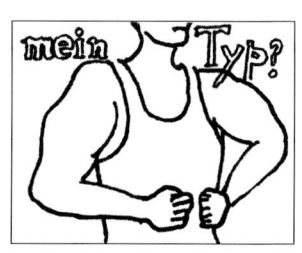

Z z [tsɛt]

Z [tsɛt]には C [tse:]でおぼえた[ts]がふくまれています．[tʃɛt]にならないよう御注意．g の字のまえの n の字は[n]ではなくて[ŋ]になるのでした．

Zange [ˈtsaŋə] やっとこ

ここまでは英語のアルファベットとおなじく26文字です．けれども，ドイツ語のアルファベットはさらに4文字多くて，全部で30字あります．残りの4文字の名前と，字が表す発音をおぼえましょう．

Ä ä [ɛ:] / [ɛ]

この字が単語のなかで使われるときの発音は長音の[ɛ:]あるいは短音の[ɛ]です．[ɛ]は日本語の「エ」と同じ口の形で発音すると考えてください．長母音は[ɛ]を長く引くだけですから，発音のむつかしさはありません．

Bär [bɛːɐ̯] 熊

長母音の次に来たrは母音の[a]のように発音します．ただ，[a]そのものではありませんので，[ɐ̯]という音標文字であらわします．

Kälte [ˈkɛltə] 寒さ

Ä/äの表す音を „A-Umlaut" [ˈaːʊmlaʊt]「A の変音」と呼びます．Ä/äの字に対してもこの呼び名が使われることがあります．

Ö ö [ø:] / [œ]

　この字が表す音は，長音の場合は[ø:]，短音の場合は[œ]という音標文字で表されます．

　長母音[ø:]は口の中で E [e:]と言いながら唇の形を O [o:]にします．こうして発音された音は「エー」でもなく「オー」でもない中途半端な「エー」ですが，ドイツ語とつきあおうとすれば，いやでも慣れる必要があります．

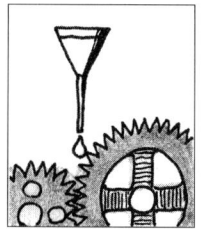

Öl [ø:l] オイル

　注意深い読者は，長く発音する場合と短く発音する場合とで音標文字が異なっているのにお気づきでしょう．短母音の場合は，日本語の「エ」と言いながら唇の形を日本語の「オ」にします．

Knöpfe [ˈknœpfə] ボタン（Knopfの複数形）

　この字をO-Umlaut [ˈoː-ʊmlaʊt] と呼ぶことがあります．O [o:]の変音という意味ですが，字の名前に転用されたのです．

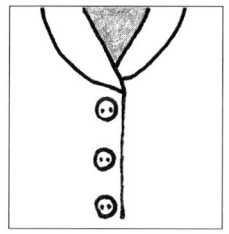

Ü ü [y:] / [ʏ]

　口の中で I [i:]と言いながら唇を突き出して U [u:]にします．こうして発音される音は[u:]に近いけれども単純に[u:]ではなく，中途半端な[y:]です．

Übung [ˈy:bʊŋ] 練習

　おなじ説明をどこかで聞いたように思いませんか．そうです．Y という字が表す音もおなじ要領で発音します．Ü の音標文字と Y の音標文字はおなじです．Y も字としては母音を表すのです．

　この字も名前をU-Umlaut [ˈuː-ʊmlaʊt]という

ことがあります．U [uː]の変音という意味ですが，O-Umlaut [ˈoː-ʊmlaʊt]の場合とおなじく，長く発音する場合のほかに短く発音する場合があります．短母音の発音は，[ɪ]と言いながら口の形を[ʊ]にしてください．

Hütte [ˈhʏtə] 小屋

さて，30番目の字は小文字しかありません．したがって単語のはじめに来ることはありません．

ß [ɛs-ˈtsɛt]

字の名前は[ɛs-ˈtsɛt]，つまり「S-Z」なのですが，字が表す音はただの[s]です．

Fuß [fuːs] 足
（足首から先の部分）

この字の筆記体は下のように書きます．ギリシア文字の β（ベータ）に似ていますが同じではありません．

> むかし，まだ活字がなかったころ，書類が鵞ペンで書かれていたころ，s [ɛs]は ſ のように書いていました．この字に続けて z [tsɛt] ʒ を添えたのが[ɛs-ˈtsɛt] ß です．近代的なデザインの活字になって現在のような ß ができました．

ドイツ語の筆記体 (3)　　　（つづきは42ページにあります）

Ä Ö Ü . ! ? , : "

eine

Mann

sie

sind

alt

Mutter

第Ⅲ章

Track③

気をつけたい読み方

　前章では一つ一つの文字が表す音をおぼえました．しかし，これだけではまだドイツ語の文章を読むには足りません．
　2個の文字を並べて一つ一つの字が表す音を足したのとは異なる音を表す場合とか，語頭に来たときに読み方が変わる場合とか，あるいは逆に語尾に来たときに読み方が変わる場合とか，いわゆる「ローマ字読み」では間に合わない場合の読み方を本章でおぼえましょう．

第Ⅲ章　気をつけたい読み方

　以下の説明では第Ⅰ章小手調べ篇ですでに説明した事柄も繰りかえしています．また，波線の囲み記事にはとくに間違いやすい読み方を取りあげています．

1. 子音字の結合

　子音字が二つあるいは三つ結合して独自の読み方をする場合があります．

① **ch** は [ç] と読みます．ich のときの [ç] です．

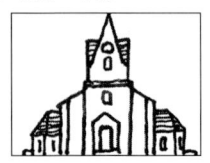

Kir*ch*e　['kɪrçə] 教会堂

bre*ch*en*　['brɛçən] 折る

② **qu** は [kv] と読みます．書けば qu の u は母音字ですが，表す音は子音です．

*Qu*ittung　['kvɪtʊŋ] 領収証

be*qu*em　[bə'kveːm] 快適な

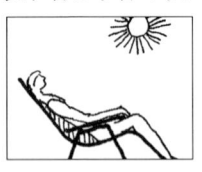

③ **tz** は [ts] と読みます．つまり tz の発音は z と同じです．

Ka*tz*e　['katsə] 猫

pu*tz*en　['pʊtsən] 磨く

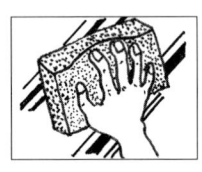

④ **chs** は [ks] と読みます．英語では x で表す音です．chs のあとに母音字が来ても s は濁りません．

O*chs*e　[ɔksə] 雄牛

wa*chs*en*　['vaksən] 成長する

⑤ **sch** は [ʃ] と読みます．英語では sh で表す音です．

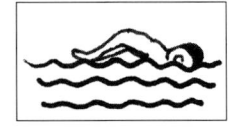

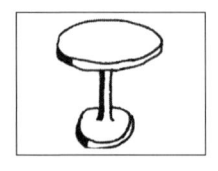

Ti*sch*　[tɪʃ] テーブル

*sch*wimmen*　['ʃvɪmən] 泳ぐ

— 36 —

⑥ **tsch**は[tʃ]と読みます．英語ではchurchのchで表す音です．

　　　　　　Ku*tsch*e　[ˈkʊtʃə] 乗合馬車

　　　　　　wu*tsch*en　[ˈvʊtʃən] さっと動く

2. 位置によって読み方が変わる子音字

①<u>母音字のあとの</u> **h** は発音しません．そのかわり前の母音を長く発音します．

　　　　　　Ha*h*n　[haːn] 雄鳥

　　　　　　gä*h*nen　[ˈgɛːnən] あくびをする

②<u>母音字の前の</u> **s** は濁ります．

　　　　　　Sage　[ˈzaːgə] 伝説

　　　　　　reisen　[ˈraɪzən] 旅行する

③<u>単語のはじめの</u>**sp**は[sp]ではなく[ʃp]と読みます．

　　　　　　Sport　[ʃpɔrt] スポーツ

　　　　　　*sp*rechen*　[ˈʃprɛçən] 話す

④<u>単語のはじめの</u>**st**は[st]ではなく[ʃt]と読みます．

　　　　　　Student　[ʃtuˈdɛnt] 男子大学生

　　　　　　*st*ehen*　[ˈʃteːən] 立っている

— 37 —

第Ⅲ章　気をつけたい読み方

⑤単語の末尾の b は濁りません．つまり[p]です．

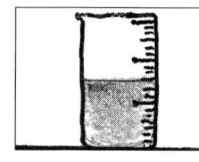

hal*b*　[halp] 半分の

Her*b*st　[hɛrpst] 秋

b のあとに母音字がありませんので，この b は単語の末尾にあるのと同じに扱います．

Kor*b*　[kɔrp] 籠
しかし，Kör*b*e　[ˈkœrbə] 籠（複数形）

複数形では -b のあとに母音字 -e が来ますので，b は[b]の音にもどります．

⑥単語の末尾の d は濁りません．[t]です．

Han*d*　[hant] 手
しかし，Hän*d*e　[ˈhɛndə] 手（複数形）

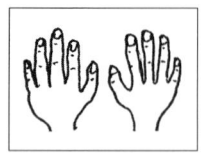

複数形は -d のあとに母音字 -e が来ますので，d は[d]の音にもどります．

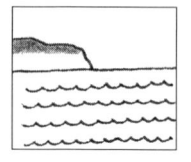

Lan*d*　[lant] 陸
しかし，lan*d*en　[ˈlandən] 着陸する

landen の場合も，-d のあとに母音字 -e が来ますので，d は[d]の音にもどります．ただし，

nirgen*d*s　[ˈnɪrgɛnts] どこにも…ない

の場合は d のあとに母音字がありませんので，この d は単語の末尾にあるのと同じに扱います．したがって ds は ts のつもりで読まなければなりません．

⑦単語の末尾の g は濁りません．

Ta*g*　[taːk] 日
しかし，Ta*g*e　[taːgə] 日（複数形）

では -g のあとに母音字 -e が来ますので -g は語末にあるとはいえません．g は[g]の音にもどります．

— 38 —

2. 位置によって読み方が変わる子音字

　「単語の末尾の -g は濁らないで[k]と読む」という規則を紹介しましたが，単語の末尾の-ngにこの規則は当てはまりません．[nk]と読むのはあやまりです．例えば，ju*ng*の発音は辞書で調べますと[jʊŋ]です．[ŋ]という音標文字は「[n]と[g]のあいだをあけることなく，できるだけつづめて発音せよ」という記号だと理解してください．

ju*ng* [jʊŋ] 若い
la*ng* [laŋ] 長い
Kla*ng* [klaŋ] 響き
Gesa*ng* [gəˈzaŋ] 歌うこと

⑧ **g** は i のあとに来たときはichのch [ç]のように読みます．

Köni*g* [ˈkøːnɪç] 王

ruhi*g* [ruːɪç] 静かな

しかし，g のあとに母音字が続くと，g は字のとおり[g]と読みます．

Köni*g*in [ˈkøːnɪgɪn] 王

beruhi*g*en [bəˈruːɪgən] 静める

⑨ 「chは[ç]と読む」という規則の例外をおぼえましょう．

母音字 a のあとに来たch ）
　　　 o のあとに来たch ｜
　　　 u のあとに来たch ｜ は[x]と発音します．
　　　auのあとに来たch ）

　[x]という音標文字は「喉からたくさんの息をいきおいよく出す」という記号です．きたならしい説明で恐縮ですがわかりやすいのは，ある音声学の参考書にあった「タンを吐く時のような音」という説明です．
　この音は息の音にすぎませんので，上の四つの場合音標文字で表せば[x]の1種類ですが，**先行する母音の口のかまえに応じて**「ハ」・「ホ」・「フ」・

第Ⅲ章　気をつけたい読み方

「ホ」のように聞こえ方が異なります．

　　　B**a**ch　[bax] 小川
　　　m**a**chen　[maxən] 作る
　　　T**o**chter　[ˈtɔxtɐ] 娘

Tochter の -ter の部分の発音に御注目ください．-er も [ɐ] として発音してよいことになっています．30 ページの Bär [bɛːɐ]で習ったように，長母音の次の r も [ɐ] と発音してよいのでした．

　　　p**o**chen　[ˈpɔxən] とんとん叩く
　　　B**u**ch　[buːx] 本
　　　b**u**chen　[ˈbuːxən] 記帳する
　　　B**au**ch　[baʊx] 腹
　　　br**au**chen　[ˈbraʊxən] 必要とする

　気をつけてほしいことがあります．
　machen を読むときに，machen を ma-chen のように切って -chen の部分を ich の ch [ç] で発音してしまい，machen [maçən] と読んではいませんか．おなじように，pochen や buchen や brauchen も po-chen [poçən]，buchen [buː-çən]，brau-chen [braʊ-çən] のように発音するのはあやまりです．
　あやまりの原因は machen の -chen の部分に目をうばわれて ma-chen と切って読んでいることです．chen の部分に注目して読めばたしかに [çən] ですが，machen の場合は mach-en のように mach- の部分に注目しなければなりません．pochen なら poch-en のつもりで poch- の部分に，buchen なら buch-en のつもりで buch- の部分に，brauchen なら brauch-en のつもりで brauch- の部分に注目しなければなりません．なぜなら，規則は「母音字 a, o, u, au のあとに来た ch」と言っているからです．
　正しく発音するには，いったん mach- [max]，poch- [pɔx]，buch- [buːx]，brauch- [braʊx] で少し止めたつもりで発音し，そのあと続けてそっと [ən] を添えるようにして発音します．

3. 母音字の結合

母音字が二つ結合して独自の読み方をする場合があります．

① ei は [aɪ] と読みます．

Fr*ei*heit　['fraɪhaɪt] 自由

kl*ei*n　[klaɪn] 小さい

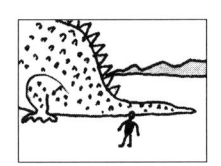

② eu は [ɔy] と読みます．

Bed*eu*tung　[bə'dɔytʊŋ] 意味

h*eu*len　['hɔylən] 遠吠えをする

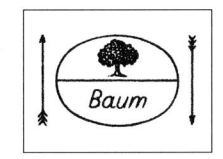

③ äu も [ɔy] と読みます．

R*äu*ber　['rɔybɐ] 強盗

tr*äu*men　['trɔymən] 夢を見る

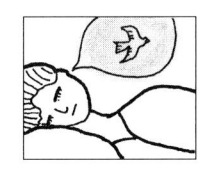

④ ie は [iː] と読みます．

Br*ie*f　[briːf] 手紙

l*ie*ben　['liːbən] 愛する

ie を [iː] と読むのがふつうで，別々に読むのは例外です．例外に出会ったら，心おぼえのために，i と e のあいだに縦線を書き入れておきましょう．

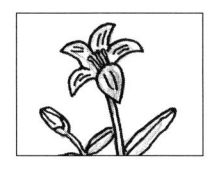

Lili|e　['liːliə] ゆり

Famili|e　[fa'miːliə] 家族（夫婦と子供とから構成される：核家族）

ドイツ語の筆記体 (4)　　　（つづきは50ページにあります）

lieben

jeder

Ypsilon

Kind

eins

Quelle

nein

第 IV 章
不定詞から定形へ

Track④

　第 I 章「小手調べ篇」でドイツ語のシステムの特徴の一つとして，動詞を文の述語として使うとき不定詞をそのまま使うのではなく，定形に変えてから使うことを紹介しました．
　本章では，これを受けて動詞のシステムに乗るときの手続きを紹介しましょう．

第Ⅳ章　不定詞から定形へ

1. 主語の人称と数

　第Ⅰ章「小手調べ篇」でおぼえたのは

Ich　lerne　Deutsch.

で使われた „lerne" と辞書に載っている „lernen" とは別のものであるということでした．

　lerneは次のような**二段階の手続き**を経てできました．

　①辞書から持ってきたlernenという形から末尾の二文字をまず取り去ります．

lernen → lern-

　lernenからenを取り去って残った形を文法では**語幹**と呼びます．lern-の末尾についているハイフン（-）は，「あとにまだ何かがくっつきますよ」というしるしです．

　②末尾の二文字を取り去った形に，改めて e を足します．

lern- + e → lerne

　さて，文の主語になることができるのは話し手／書き手か，聞き手／読み手か，それ以外のいっさいの第三者（人間ばかりでなく物も含みます）です．しかも，話し手／書き手も聞き手／読み手も，それ以外のいっさいの第三者も，それぞれ複数になることがあります．

　話し手／書き手のことを文法では第1人称といいます．相手である聞き手／読み手は第2人称です．話し手／書き手と聞き手／読み手以外のいっさいの第三者は第3人称と呼ばれます．話し手／書き手であっても聞き手／読み手であっても一人であれば単数です．二人以上の場合は複数です．

2. 定形

　そこで，主語は（第1人称・第2人称・第3人称）の3とおりに（単数・複数）の2とおりを掛けた6とおりがあることになります．そして，これらの主語にそれぞれ対応するのが定形ですから，1個の不定詞から6個の定形

が作られることになります．これを**人称変化**といいます．
　文法の教科書や参考書は定形の作り方を下のような表にして載せています．語尾のハイフンの位置に語幹を入れます．

	主語	語尾
第1人称単数	ich	-e
第2人称単数	du	-st
第3人称単数	er/sie/es	-t
第1人称複数	wir	-en
第2人称複数	ihr	-t
第3人称複数	sie（Sie）	-en

　第3人称の主語の位置には話し手と話し相手以外のいっさいの第三者の何が入ってもよいわけですが，文法では第3人称単数の主語としてerとsieとesの三つの代名詞で代表させることにしています．それぞれの意味は英語のhe, she, itにあたりますが，he, sheが人間を指し，itが物を指すわけではありません．ドイツ語では第3人称単数の存在は──生物であれ無生物であれ──男性名詞か女性名詞か中性名詞に分けられることに合わせてあります．しかし，複数では性の区別をしませんので代名詞sie（英語のtheyにあたる）一つで代表させています．
　表のsieのあとに（Sie）という追加がありますが，この意味は次のようです．
　ドイツ語は，相手と親しい間柄かそうでないかによって相手を呼ぶ形式が変わります．親しい間柄の人は親称du（二人以上ならihr）で呼び，そうでない人は敬称Sieで呼びます（Sieは単数も複数も同形です）．
　この敬称のSieはかならず大文字で書きはじめますが，じつは第3人称複数のsieを借りた形です．それで，便宜上表では第3人称複数のsieのあとにカッコをして（Sie）と書いてあります．しかし，意味は第3人称ではありません．

第Ⅳ章　不定詞から定形へ

《練習》
次の文をそれぞれの指示にしたがって書きあらためなさい．

1) **Ich lerne Deutsch.**

第 2 人称単数（親称）

第 2 人称単数（敬称）

第 3 人称単数（男性）

第 3 人称単数（女性）

第 3 人称単数（中性）

第 1 人称複数

第 2 人称複数（親称）

第 2 人称複数（敬称）

第 3 人称複数
-----

2. 定形

2) **Ich koche Wasser.**
　　（わかす）　（湯）

第 2 人称単数（親称）

第 2 人称単数（敬称）

第 3 人称単数（男性）

第 3 人称単数（女性）

第 3 人称単数（中性）

第 1 人称複数

第 2 人称複数（親称）

第 2 人称複数（敬称）

第 3 人称複数

第Ⅳ章　不定詞から定形へ

3) **Ich spiele Fußball.**
　　（する）（サッカー）

第2人称単数（親称）

第2人称単数（敬称）

第3人称単数（男性）

第3人称単数（女性）

第3人称単数（中性）

第1人称複数

第2人称複数（親称）

第2人称複数（敬称）

第3人称複数

------

2. 定形

【解答】

1) Ich lerne Deutsch.　2) Ich koche Wasser.　3) Ich spiele Fußball.
   Du lernst Deutsch.　　 Du kochst Wasser.　　 Du spielst Fußball.
   Sie lernen Deutsch.　　Sie kochen Wasser.　　Sie spielen Fußball.
   Er lernt Deutsch.　　　Er kocht Wasser.　　　Er spielt Fußball.
   Sie lernt Deutsch.　　 Sie kocht Wasser.　　 Sie spielt Fußball.
   Es lernt Deutsch.　　　Es kocht Wasser.　　　Es spielt Fußball.
   Wir lernen Deutsch.　　Wir kochen Wasser.　　Wir spielen Fußball.
   Ihr lernt Deutsch.　　 Ihr kocht Wasser.　　 Ihr spielt Fußball.
   Sie lernen Deutsch.　　Sie kochen Wasser.　　Sie spielen Fußball.
   Sie lernen Deutsch.　　Sie kochen Wasser.　　Sie spielen Fußball.

ドイツ語の筆記体 (5)

neun

See

sein

ist

essen

Bruder

Garten

第Ⅴ章
不定冠詞のバラエティ

Track⑤

　第Ⅰ章「小手調べ篇」で紹介したもう一つのドイツ語のシステムの特徴は，不定冠詞を文のなかで使うときはその場合の名詞にふさわしいバラエティを選んで使うことでした．

　本章では，これを受けて不定冠詞のシステムに乗るときの手続きを紹介しましょう．

第Ⅴ章　不定冠詞のバラエティ

1. 名詞の性と格

　不定冠詞のもともとの意味は「或る／一つの」ですが，ドイツ語では文中で使う名詞にあわせて下のように12のバラエティに分かれています．なかには同形がありますから，ほんとうは6種です．6種の代表形がeinであることを第Ⅰ章「小手調べ篇」でお話ししました．

	m.	f.	n.	pl.
1格	ein	eine	ein	—
2格	eines	einer	eines	—
3格	einem	einer	einem	—
4格	einen	eine	ein	—

　ここでは，ドイツ語の不定冠詞がなぜ同形もふくめて12個ものバラエティをもっているのかを話しましょう．

　まず**列**の意味から．4列に分かれていますが，それぞれの列の上にm., f., n., pl.という略号が打ってあります．はじめの三つは**男性名詞・女性名詞・中性名詞用**という意味です．ドイツ語の名詞が男性名詞・女性名詞・中性名詞に分けられているのにあわせてあります．pl.は複数名詞用という意味ですが，実際には**複数名詞用の不定冠詞はありません**ので，ないことを示すためにわざとダッシュを入れてあります．

　さて，ここまで説明を聞かれたら，第Ⅰ章「小手調べ篇」で

Was ist das?

という問いに対して

Das ist <u>eine</u> Tulpe.

と返事をしたとき，Tulpeのまえにeineがかぶせられたのには，Tulpeが女性名詞であることが関係しているとどなたも推論されるでしょう．練習問題もみなeine Rose, eine Narzisse, eine Nelkeと不定冠詞はそろってeineでした．このこともRose, Narzisse, Nelkeがどれも女性名詞であることと関係していると推論されるでしょう．その推論はそこまでは正しいのです．

　不定冠詞の選択には名詞の性が関係しています．

— 52 —

けれども，左の表の女性名詞の列にはeineが二つふくまれています．1段目ばかりか4段目にもeineがあります．どちらが採用されたのでしょうか．

それに答えるためには，こんどは左の表の**段**の意味をお話ししなければなりません．

名詞が文のなかで使われるときのはたらきはいろいろあります．主語として使われるときもありますし，目的語として使われることもありますし，主語ではないが主語と同格の文要素として使われることもあります．それから，名詞の意味に「～の」という意味をつけくわえて，名詞が「所有者」であることを表すはたらきをすることもあります．

文のなかにおけるこのような名詞のはたらきを文法で**格**といいます．ドイツ語では1格・2格・3格・4格と四つの格がみとめられています．

主語として使われるときの名詞は1格です．

主語ではないが主語と同格の文要素として使われるときの名詞も**1格**です．

「主語と同格」とはどういうことかといいますと

Das ist eine Tulpe.

の主語はdasですが，eine Tulpeは「それはチューリップです」という文の意味からして主語dasと対等な関係にあるということです．「主語と同格」の代りに「同定1格」とよばれることもあります．

目的語として使われるときの名詞は**3格**あるいは**4格**です．

「所有者」であることを表すはたらきをするときの名詞は**2格**です．

ドイツ語では，名詞が文のなかでこのようにいろいろなはたらきをすることを，名詞自身ほとんど表す力がありませんので，名詞に代って不定冠詞がいろいろに形を変えることによって表そうというわけです．

こういうわけで，ドイツ語の**不定冠詞の選択に名詞の性ばかりでなくて格も関係する**ことが分かると思います．これが不定冠詞のバラェティが12個もある（同形も数えて）理由です．そして，左にかかげた不定冠詞の一覧表の列と段の意味です．

なお，いま紹介した不定冠詞はまだおぼえる必要はありません．次の章で定冠詞を紹介しますから，あわせてドイツ語の冠詞類全体のシステムを理解してから，順次おぼえたほうが楽です．

2. 名詞の複数形

　人でも物でも，2人以上あるいは2個以上あることを**複数**であるといいます．

　目の前に1個ある時計を指して「これは時計です」というドイツ語は

Das ist eine Uhr.
[das]　[ɪst]　[aɪnə]　[uːɐ]

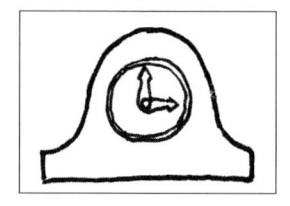

です．Uhrのrの発音は本来は[r]ですが，長母音の次に来た[r]は日常の発音では母音[a]のように発音されます．この発音を音標文字では[ɐ]であらわします．

　もし時計が二個以上**目の前にある**としますと，ドイツ語では

Das sind Uhren.
[das]　[zɪnt]　[uːrən]

といいます．Uhrenのrの発音は，あとに-enが続いていますので，本来の[r]にもどっています．

　さて，最初の文と比べてどこが変わったでしょうか．

　まず，istがsindに変わりました．istもsindも「～である」という意味ですが，Uhrが複数に変わったことに関連して単数形用のistから複数形用のsindに変わったのです（この動詞の活用は，第Ⅳ章で練習した活用とは異なっています．あとで，特別に練習しましょう）．

　ふつう主語が単数形から複数形に変わるのに応じて定形も形が変わるのですが，dasは単数の物も複数の物も指すことができるので，主語が単数のままで変わっていないかのように見えます．しかし，主語と対等の関係にある名詞が単数形のeine Uhrから複数形のUhrenに変わったのにあわせて，述語の動詞「～である」も単数形用のistから複数形用sindに変わるという訳です．

　次に変わった点は，不定冠詞eineが消えてしまいました．**不定冠詞をかぶせた名詞は複数形になると不定冠詞が消えて無冠詞になります．**不定冠詞

2. 名詞の複数形

のもとの意味は「或る／一つの」ですから,「二つ以上の〜」という意味を表す複数形の名詞にはかぶせることができないのです.

さいごにUhrが複数形Uhrenに変わっています. 英語では単数形に -s か -es を加えて複数形を作るのが普通でしたが, ドイツ語では -s を付けて作る作り方はむしろ少数派です.

それでは, このUhrenという複数形を知るにはどうしたらいいのでしょうか.

それは辞書に尋ねることです. 辞書でUhrを引きますと

$$\text{Uhr [uːɐ] f. - / \underline{-en}}$$

という記載があります.

下線をした部分が複数形の指示です. ハイフンの部分に見出し語のUhrを入れますとUhrenとなりますが, これが複数形です.

《練習》

名詞のあとの記載を参照して下の文を完成しなさい. また,（ ）のなかに名詞の意味を書きなさい.

1) **Tisch** [tɪʃ] m. -[e]s/-e （　　　　　）

   Das ist ＿＿＿＿ ＿＿＿＿＿＿.

   Das sind ＿＿＿＿＿＿＿.

2) **Kuli** [ˈkuːli] m.-s/-s （　　　　　）

   Das ist ＿＿＿＿ ＿＿＿＿＿＿.

   Das sind ＿＿＿＿＿＿＿.

第Ⅴ章　不定冠詞のバラエティ

3) **Haus** [haʊs] / Häuser [ˈhɔyzɐ]　（　　　　）

　　Häuserは-erで終わっていますが，-er全体を母音[a]のように発音します．むろん母音[a]そのものではありませんから音標文字[ɐ]であらわします．

　　Das ist ＿＿＿＿ ＿＿＿＿＿＿．

　　Das sind ＿＿＿＿＿＿．

4) **Hefter** [ˈhɛftɐ] m. -s/-　（　　　　）

　　Das ist ＿＿＿＿ ＿＿＿＿＿＿．

　　Das sind ＿＿＿＿＿＿．

5) **Buch** [buːx] n. -[e]s / Bücher [ˈbyːçɐ]　（　　　　）

　　Das ist ＿＿＿＿ ＿＿＿＿＿＿．

　　Das sind ＿＿＿＿＿＿．

　　Bücherも-erで終わっていますから-erは[ɐ]と読みます．

6) **Baum** [baʊm] m. -[e]s / Bäume [ˈbɔymə]　（　　　　）

　　Das ist ＿＿＿＿ ＿＿＿＿＿＿．

　　Das sind ＿＿＿＿＿＿．

《チェック・ポイント》

自分の答えについて次の点をチェックしてください．

[　　] ①どの名詞も大文字ではじめていますか？
[　　] ②どの文の終わりにもピリオドが打ってありますか？
[　　] ③不定冠詞はどれもeinを使っていますか？

答は下のとおりです．

【解答】1) 机　Das ist ein Tisch. / Das sind Tische.　2) ボールペン　Das ist ein Kuli. / Das sind Kulis.　3) 家　Das ist ein Haus. / Das sind Häuser.　4) ファイル／バインダー　Das ist ein Hefter. / Das sind Hefter.　5) 本　Das ist ein Buch. / Das sind Bücher.　6) 樹木　Das ist ein Baum. / Das sind Bäume.

3. 不規則動詞：sein*

　第Ⅳ章で不定詞から定形を作る練習をしました．練習した手続きにしたがうと定形を作ることができる動詞を**規則動詞**といいます．あらゆる動詞が規則動詞であれば，学習は楽なのですが，残念ながらそうはゆきません．ここでは，初心者にとって最少限必要な**不規則動詞**を二つおぼえましょう．

　その一つは「～である」を意味するsein*です．英語のbe動詞にあたります．sein*は「～がある／～がいる」も表します．**ドイツ語では不規則動詞であることを不定詞の右肩にアステリスク（＊）をつけて表します．ここまでに出てきた不規則動詞の不定詞にも＊をつけています．**

	主語	定形
第1人称単数	ich	bin
第2人称単数	du	bist
第3人称単数	er/sie/es	ist
第1人称複数	wir	sind
第2人称複数	ihr	seid
第3人称複数	sie（Sie）	sind

第Ⅴ章　不定冠詞のバラエティ

《練習1》

Japaner [jaˈpaːnɐ] m. -s / - ／Japanerin [jaˈpaːnərɪn] f. - / -nenをつかって「～は日本人です」という文を単数・複数の各人称についてつくりなさい．性は読者自身の性にあわせてください．ドイツ語では，人の「国籍」を紹介する文ではJapaner／Japanerinに不定冠詞をかぶせません．

Japanerinという女性名詞はJapanerに**女性を表す語尾**-inをつけてつくった女性名詞です．

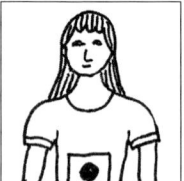

第1人称単数　＿＿＿＿＿＿＿＿＿＿＿＿＿＿＿＿＿＿

第2人称単数（親称）＿＿＿＿＿＿＿＿＿＿＿＿＿＿

第2人称単数（敬称）＿＿＿＿＿＿＿＿＿＿＿＿＿＿

第3人称単数（男性／女性）＿＿＿＿＿＿＿＿＿＿

第1人称複数　＿＿＿＿＿＿＿＿＿＿＿＿＿＿＿＿＿＿

第2人称複数（親称）＿＿＿＿＿＿＿＿＿＿＿＿＿＿

第2人称複数（敬称）＿＿＿＿＿＿＿＿＿＿＿＿＿＿

第3人称複数　＿＿＿＿＿＿＿＿＿＿＿＿＿＿＿＿＿＿

《チェック・ポイント》

自分の答えについて次の点をチェックしてください．

[　　]①どの文も大文字で始めていますか？

[　　]②どの文の終わりにもピリオドが打ってありますか？

[　　]③Japanerinの複数形はJapanerinnenと正しく綴っていますか？

【解答1】

Ich bin Japaner./Ich bin Japanerin.　Du bist Japaner./Du bist Japanerin. Sie sind Japaner./Sie sind Japanerin.　Er ist Japaner./Sie ist Japanerin. Wir sind Japaner./Wir sind Japanerinnen.　Ihr seid Japaner./Ihr seid Japanerinnen.　Sie sind Japaner./Sie sind Japanerinnen.　Sie sind Japaner./Sie sind Japanerinnen.

3. 不規則動詞：sein*

《練習2》

Studentin [ʃtʊˈdɛntɪn] f. - / -nen を使って「～は女子学生です」という文を単数・複数の次の各人称についてつくりなさい．

ドイツ語では人の「身分」・「職業」を紹介する文でも，それらの名詞に不定冠詞をかぶせません．

第1人称単数 _____

第2人称単数（親称） _____

第2人称単数（敬称） _____

第3人称単数（女性） _____

第1人称複数 _____

第2人称複数（親称） _____

第2人称複数（敬称） _____

第3人称複数 _____

【解答2】

Ich bin Studentin.　Du bist Studentin.　Sie sind Studentin.　Sie ist Studentin.　Wir sind Studentinnen.　Ihr seid Studentinnen.　Sie sind Studentinnen.　Sie sind Studentinnen.

《練習3》

次の男性名詞の意味を調べ，女性語尾-inをつけて女性名詞をつくりなさい．

Lehrer, Schüler, Arzt（この場合，女性名詞は幹母音がUmlautします），Krankenpfleger.

(　　　) _____ (　　　) _____
(　　　) _____ (　　　) _____

【解答3】

（教師）Lehrerin　　（生徒）Schülerin　　（医師）Ärztin
（看護師）Krankenpflegerin

4. 不規則動詞：haben*

初心者にとって最少限必要なもう一つの**不規則動詞**は「〜をもっている」を意味するhaben*です．英語のhaveにあたります．

	主語	定形
第1人称単数	ich	habe
第2人称単数	du	hast
第3人称単数	er/sie/es	hat
第1人称複数	wir	haben
第2人称複数	ihr	habt
第3人称複数	sie（Sie）	haben

《練習》
1) Zeit「時間的な余裕」を使って「〜は時間のゆとりがある」という文を単数・複数の各人称についてつくりなさい．

第1人称単数　　　　　　　　　　　　　　　　　　　　　

第2人称単数（親称）　　　　　　　　　　　　　　　　　

第2人称単数（敬称）　　　　　　　　　　　　　　　　　

第3人称単数（男性）　　　　　　　　　　　　　　　　　

第3人称単数（女性）　　　　　　　　　　　　　　　　　

第3人称単数（中性）　　　　　　　　　　　　　　　　　

第1人称複数　　　　　　　　　　　　　　　　　　　　　

第2人称複数（親称）

4. 不規則動詞：haben*

　　第2人称複数（敬称）

　　第3人称複数

2）　Hunger「空腹」を使って「〜は空腹をもっている」＝「〜はお腹がすいている」という文を単数・複数の各人称についてつくりなさい．

　　第1人称単数

　　第2人称単数（親称）

　　第2人称単数（敬称）

　　第3人称単数（男性）

　　第3人称単数（女性）

　　第3人称単数（中性）

　　第1人称複数

　　第2人称複数（親称）

　　第2人称複数（敬称）

　　第3人称複数

【解答】1）　Ich habe Zeit. Du hast Zeit. Sie haben Zeit. Er hat Zeit. Sie hat Zeit. Es hat Zeit. Wir haben Zeit. Ihr habt Zeit. Sie haben Zeit. Sie haben Zeit.　　2）　Ich habe Hunger. Du hast Hunger. Sie haben Hunger. Er hat Hunger. Sie hat Hunger. Es hat Hunger. Wir haben Hunger. Ihr habt Hunger. Sie haben Hunger. Sie haben Hunger.

第Ⅴ章　不定冠詞のバラエティ

曜日の名前
(すべて男性名詞です)

Track⑥

月曜日　Montag [ˈmoːntaːk]　　火曜日　Dienstag [ˈdiːstaːk]

水曜日　Mittwoch [ˈmɪtvɔx]　　木曜日　Donnerstag [ˈdɔnɐstaːk]

金曜日　Freitag [ˈfraɪtaːk]　　土曜日 ⎰ Samstag [ˈzamstaːk]
　　　　　　　　　　　　　　　　　　 ⎱ Sonnabend [ˈzɔnǀaːbənt]

（土曜日だけは地域によって呼び方が異なります．中部ドイツ，南部ドイツ，オーストリア，スイスではSamstagが使われ，北部ドイツと東部ドイツではSonnabendが使われます．）

日曜日　Sonntag [ˈzɔntaːk]

月の名前
(すべて男性名詞です)

1月　Januar[1] [ˈjanuaːr]　　2月　Februar[1] [ˈfeːbruaːr]

3月　März [mɛrts]　　　　　4月　April [apˈrɪl]

5月　Mai [maɪ]　　　　　　 6月　Juni [ˈjuːni]

7月　Juli [ˈjuːli]　　　　　　 8月　August [aʊˈɡʊst]

9月　September [zɛpˈtɛmbɐ]　10月　Oktober [ɔkˈtoːbɐ]

11月　November [noˈvɛmbɐ]　12月　Dezember [deˈtsɛmbɐ]

1) [aː]のあとにかぎってrは[ɐ]でなくて[r]と発音します．

第 VI 章
定冠詞のバラエティ

Track⑦

　前章の不定冠詞のシステムへの乗り方を受けて，本章では定冠詞のシステムへの乗り方を紹介しましょう．

第Ⅵ章　定冠詞のバラェティ

1. 定冠詞と不定冠詞の使い分け

　不定冠詞にバラェティがあったように定冠詞にも下のようにバラェティがあります．そして，これらのバラェティの辞書における代表形はderです．

	m.	f.	n.	pl.
1格	*der*	die	das	die
2格	des	der	des	der
3格	dem	der	dem	den
4格	den	die	das	die

　表の列と段の意味は不定冠詞の場合とおなじです．ただ，定冠詞の場合は複数形用の形がそなわっていますから，合計16個あります．もっとも同形がたくさんありますから実際のバラェティは6個ですが．
　日本語を母語としている者にとって冠詞は難物です．そもそも日本語に冠詞にあたる品詞が存在しないことが，余計に使い方がわからないという意識をつよめています．
　でも，私たち日本語を母語としている者は「ここに本があります」というときの本は「と或る1冊の本」であることが分かりますし，「本はここにあります」というときの本は「その本」の意味であることが分かりますから，不特定の存在と特定の存在を意識して区別しています．この不特定の存在と特定の存在の区別は不定冠詞と定冠詞の区別に相応すると言うことができますが，不定冠詞と定冠詞の使い分けはそれだけではありません．
　大切なのは，定冠詞と不定冠詞の使い分けを具体的な場面のなかで考察することです．2人の人が対話している場面で，一方がWas ist das?と問いかけますと，他方はDas ist eine Uhr.と答えますが，これはUhrという対象がはじめて2人の対話の話題となった——それまではあるのを意識したことがなかった（つまり未知の存在だった）からです．
　このあと，他方がさらに言葉をついで，おなじ時計について「その時計は合っている」Die Uhr geht richtig.と言うときは，定冠詞をかぶせなければなりません．これはUhrという名詞がもう2人の話題となった——2人にとって未知から既知になった——からです．
　この「**未知—既知**」**による不定冠詞と定冠詞の使い分けをのみ込むことが**

入門段階ではとくに大切であると思われます．

　この使い分けを心得ていれば，2人の人が対話している場面で，近くの壁にかかっている時計を2人とも眺めながら，一方がいきなり定冠詞をつかってDie Uhr geht richtig.と言うのは全然意外ではないことを納得されるでしょう．2人して眺めているのですから，Uhrは2人にとって最初からあるのを意識している（つまり既知の）存在なのです．

　よく文法の参考書や辞書などで定冠詞を「その～」と訳していますが，この訳はいま説明した既知の存在にかぶせる用法に準じています．「あの～」，「その～」，「この～」の「その～」です．「この～」と「あの～」を使っていないのは，あからさまな近称や遠称をさけて中立的であろうとしたと思われます．

2.「定冠詞＋名詞」の格変化

　文法の授業では定冠詞をかぶせた名詞を8個の形に変える練習をします．たとえば，

　　　　　der Mann　　　　その男性は
　　　　　des Mannes　　　その男性の
　　　　　dem Mann　　　　その男性に
　　　　　den Mann　　　　その男性を
　　　　　die Männer　　　その男性たちは
　　　　　der Männer　　　その男性たちの
　　　　　den Männern　　 その男性たちに
　　　　　die Männer　　　その男性たちを

のようにder Mannからはじめて全部で8個の形に変える練習です．なぜ8個もバラエティがあるのかといいますと，それは名詞が文のなかで使われるとき，**文の意味次第で名詞が文の要素として果たすはたらきが変わる**からなのです．はたらきが変わるのは名詞そのものですが，名詞そのものにはそのことを示す力が十分には備わっていないので，代わって定冠詞が形をさまざまに変えることによって名詞のはたらきを示すというわけです．

　定冠詞は，名詞に代わって名詞のさまざまなはたらきを示すために，der－des－dem－den－die－der－den－dieのようにいろいろな外形をして

第Ⅵ章　定冠詞のバラエティ

いるものの,「その〜」という意味は一定であって変わりません．英語の名詞だって文中ではさまざまなはたらきをしますが, theはこんなめんどうな変化はしないで, 不変化のままthe一つですませます．

「文の意味次第で名詞が文の要素として果たすはたらきが変わる」ということを具体例で示しましょう．ドイツ語では,「その男性は背が高い」という意味のときは

Der Mann ist groß.
[deɐ]　[man]　[ɪst]　[gro:s]

といいますが,「私はその男性を知っている」という意味のときは

Ich kenne den Mann.
[ɪç]　[kɛnə]　[den]　[man]

と言わなければなりません．
　　　　第1の文ではMannは主語のはたらきをしているのに, 第2の文ではMannは目的語のはたらきをしています．このはたらきの違いを目に見える形で示すためにMannにかぶせた定冠詞がderからdenに変わるのです．

名詞は主語のはたらきと目的語のはたらきをするほかに, 所有者を表すはたらきもします．「その男性の自動車は新しい」は次のようにいいます．

Das Auto des Mannes ist neu.
[das]　['aʊto]　[des]　['manəs]　[ɪst]　[nɔy]

この場合は冠詞だけでなく名詞もMannesというふうに形を変えます．
　名詞はさらに間接目的語になるはたらきもします．「私はその男性に手をさしだす」（握手する）ではMannは手がさしだされる相手（間接目的語）をあらわしていますのでMannにdemをかぶせてそのことを示すのです．

Ich gebe dem Mann die Hand.
[ɪç]　['ge:bə]　[dem]　[man]　[di:]　[hant]

主語のはたらきと目的語のはたらきに加えて, 間接目的語になるはたらき

— 66 —

2.「定冠詞＋名詞」の格変化

と所有格を表すはたらきを合わせますと4とおりになり，さらに複数形 Männer にもおなじく4とおりのはたらきが考えられますので，4×2の8とおりというわけです．

　この8とおりの形を辞書の記載を参照しながら機械的に作ることをおぼえましょう．
　まず辞書で Mann を引きます．そして，Mann m. - [e]s, Männer のような記載があることを確かめます．m. は Mann が男性名詞であるという略号です．ドイツ語の名詞は男性名詞か女性名詞（略号は f.）か中性名詞（略号は n.），そしてまれに複数名詞（略号は pl.）に分類されています．この記載から8個のうち実線で囲んだ①単数形1格の形，②単数形2格の形，③複数形1格の形が分かります．残る5個の形は┄→が示しているようにすでに**作った3個の形にならいます**．すなわち，④，⑤の形は①の形をまねて作ります．また，⑥，⑦，⑧の形は③の形をまねて作ります．ここで，⑦の形をよく見て，それが -n で終わっていなければ -n を足します．ボールド体にしてある男性名詞・複数名詞用の定冠詞は丸暗記してください．

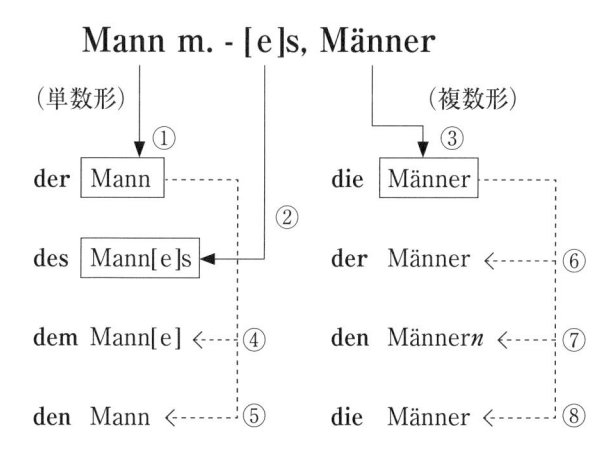

Mann m. - [e]s, Männer

（単数形）　　　　　　　　　　（複数形）

der　Mann　①　　　　　　　die　Männer　③

des　Mann[e]s　②　　　　　　der　Männer　←┄┄⑥

dem　Mann[e]　←┄┄④　　　den　Männer*n*　←┄┄⑦

den　Mann　←┄┄⑤　　　　die　Männer　←┄┄⑧

　単数形2格と単数形3格で e の字を [ ] で囲んであるのは，「綴としてこの字はあってもなくてもよい」という意味ですから，単数形2格として des Manns も des Mannes も，また，単数形3格として dem Mann も dem Manne も認められることになります．しかし，著者としてはとくに2格では [ ] 内

第VI章　定冠詞のバラェティ

の e を生かした形をおすすめしたいと思います．eを生かすと，音読したときに des Man-nes のように母音が一つ増えたためにゆったりとした読み方になり，des Manns のようなせかせかした印象がなくなります．

複数形の3格に *n* が一文字増えているのも気になりますが，これは文法に「**名詞の複数3格はかならず -n でおわらせること**」という規則があるからです（ただし，-s で終わる複数形にはこの規則はあてはまりません）．Mann の複数形 Männer は -n で終わっていませんからドイツ語を話したり書いたりする人は自分で -n を付けないといけないのです．

以上で名詞に定冠詞をかぶせて8個の形に変えることを学びました．8個とは単数の1格・2格・3格・4格と複数の1格・2格・3格・4格の形をあわせた数です．この変化は，格にしたがった変化ですので，**格変化**といいます．

《練習》

辞書を参照して，次の名詞に定冠詞をかぶせて格変化させてみましょう．また，名詞の意味を調べなさい．

1)　Topf（　　　　　　　）　　2)　Pfanne（　　　　　　　）

2.「定冠詞＋名詞」の格変化

3) Teller (　　　　　)

4) Messer (　　　　　)

5) Gabel (　　　　　)

6) Löffel (　　　　　)

《チェック・ポイント》
　自分の答えについて次の点をチェックしてください．
　［　］① Topfの単数2格を -s で終わらせた人はTopfの単数3格をTopfとしましたか？
　［　］② Topfの単数2格を-esで終わらせた人はTopfの単数3格をTopfeとしましたか？
　［　］③ Teller, Messer, Löffelの単数2格は -s で終わっていますか？
　［　］④ どの複数3格も -n で終わっていますか？

【解答】

1)（深鍋）　　2)（フライパン）　3)（皿）　　4)（ナイフ）　5)（フォーク）　6)（スプーン）

der Topf	die Pfanne	der Teller	das Messer	die Gabel	der Löffel
des Topf[e]s	der Pfanne	des Tellers	des Messers	der Gabel	des Löffels
dem Topf[e]	der Pfanne	dem Teller	dem Messer	der Gabel	dem Löffel
den Topf	die Pfanne	den Teller	das Messer	die Gabel	den Löffel
die Töpfe	die Pfannen	die Teller	die Messer	die Gabeln	die Löffel
der Töpfe	der Pfannen	der Teller	der Messer	der Gabeln	der Löffel
den Töpfen	den Pfannen	den Tellern	den Messern	den Gabeln	den Löffeln
die Töpfe	die Pfannen	die Teller	die Messer	die Gabeln	die Löffel

3. 名詞の格変化の例外

　いま紹介した，名詞に定冠詞をかぶせて8個の形に変化させる—格変化—の手続きに例外があります．ちょっとした例外なので，いまおぼえてしまいましょう．

　どういう点が例外なのかを明らかにするために，すでに覚えた格変化と例外の格変化の手続きを比べましょう．

3. 名詞の格変化の例外

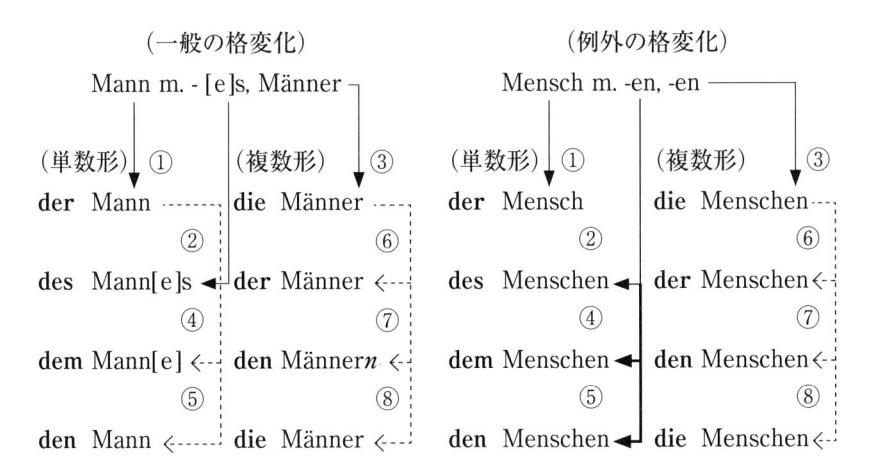

（一般の格変化）　　　　　　（例外の格変化）

Mann m. -[e]s, Männer　　　Mensch m. -en, -en

（単数形）① （複数形）③　　（単数形）① （複数形）③

der Mann　　die Männer　　der Mensch　　die Menschen
② ⑥ ② ⑥
des Mann[e]s　der Männer　des Menschen　der Menschen
④ ⑦ ④ ⑦
dem Mann[e]　den Männer*n*　dem Menschen　den Menschen
⑤ ⑧ ⑤ ⑧
den Mann　　die Männer　　den Menschen　　die Menschen

　これまでは④と⑤の形は①にならうのでしたが，名詞の格変化の例外では，④の形と⑤の形を作るときに①の形ではなくて②の形をまねます．

　例外を見分けるには辞書の記載を手がかりにします．たとえばMensch「人間」を引きますと，Mensch m. -en, -enと記されています．**辞書の記載が m. -en, -enとなっていたら上の右図にならって変化させます．**

　辞書の記載が m. -n, -n となっている場合もこの変化にならいます．たとえば，Affe「猿」の場合がそうです．

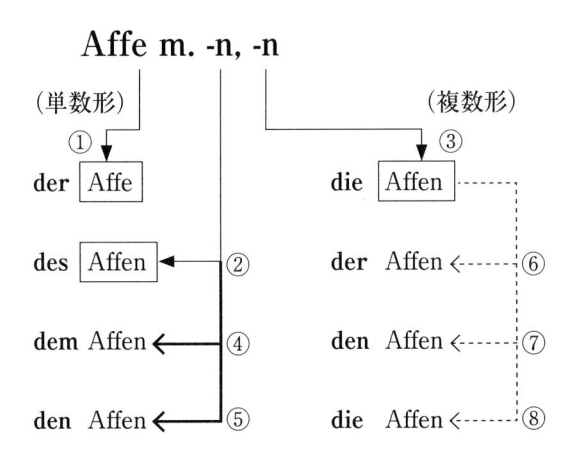

Affe m. -n, -n

（単数形）　　　　　　　　（複数形）
① ③
der Affe　　　　　　　die Affen

des Affen ←②　　　　der Affen ←⑥

dem Affen ←④　　　　den Affen ←⑦

den Affen ←⑤　　　　die Affen ←⑧

第VI章　定冠詞のバラェティ

　この例外の格変化をするのは男性名詞だけです．そのため，例外の格変化をする男性名詞は男性弱変化名詞と呼ばれます．

《練習》
　辞書を参照して，次の名詞に定冠詞をかぶせて格変化させなさい．また（　）のなかに意味を書きなさい．

1) Student（　　　　　　　　）　　2) Junge（　　　　　　　　　）

— 72 —

3. 名詞の格変化の例外

3) Bär (　　　　　　　)　　　4) Löwe (　　　　　　　)

第Ⅵ章　定冠詞のバラエティ

【解答】
1)　（男子学生）　2)　（少年）　　3)　（熊）　　4)　（ライオン）

der Student	der Junge	der Bär	der Löwe
des Studenten	des Jungen	des Bären	des Löwen
dem Studenten	dem Jungen	dem Bären	dem Löwen
den Studenten	den Jungen	den Bären	den Löwen
die Studenten	die Jungen	die Bären	die Löwen
der Studenten	der Jungen	der Bären	der Löwen
den Studenten	den Jungen	den Bären	den Löwen
die Studenten	die Jungen	die Bären	die Löwen

第 Ⅶ 章

Track⑧

不定詞句から文へ

　本章では，文のシステムを紹介します．
　文は，まず主語が与えられ，それに合致した定形が添えられ，そのとなりへ他の必要な文要素が並べられてできあがってゆくものだと考えてはいませんか．
　そうではありません．文は，不定詞から出発して，これを不定詞句に発展させ，そのうえで仕上げとして主語と結びつけてはじめてできあがるものなのです．
　この手続きを体得すれば，やがて習う現在完了でなぜ過去分詞が助動詞と離れて文末に置かれるかが理解できます．あるいは，否定文のnichtはどこへ入れたらよいかなどという語順の問題に悩まなくてすむようになります．

第Ⅶ章　不定詞句から文へ

1. 不定詞句の構造

さきに「私はドイツ語を習う」は

Ich lerne Deutsch.

だとおぼえました．lerneはichの定形で，それは不定詞lernenから作った形でした．

　この文は，まず最初にichという主語があって，これに合致した定形lerneがそのとなりに並べられ，さらにそのとなりに目的語のDeutschが足されて作られたのでは・あ・り・ま・せ・ん．

　この文は不定詞

lernen

を発展させて作ったのです．

　まずlernenという**不定詞の左どなり**にDeutschをならべて**不定詞句**をつくります．

　ドイツ語では，不定詞に何か別の語句を加えるとき，それをかならず不定詞の左どなりに置きます．かならず左どなりに置くということは，不定詞の右には何も置いてはならないということですから，**不定詞句はかならず不定詞で終わる**ことになります．それから，不定詞の印として英語のようにtoに当たる前置詞zuを不定詞の前に付けません．

Deutsch lernen

　不定詞句とは文字どおり不定詞に何か別の語句が加わったものをいいますが，Deutsch lernenは「ドイツ語を習う」という行為を表す句です．誰がドイツ語を習うのかは決まっていません（だからこそ不・定・詞句と呼ぶ！）．

　いま「ドイツ語を習う」という行為をする人物がichだとしましょう．不定詞句の左どなりに離して（ich）と書いておきます．

　さて，いよいよ不定詞句を文に変えます．

　①（ich）をおろしてきて，文の主語の位置へ据えます．カッコははずし，頭文字を大書します．

　②このIchのうしろへ不定詞句のlernenを移動します．そのとき，不定詞

lernen は lerne という定形に形が変わります．

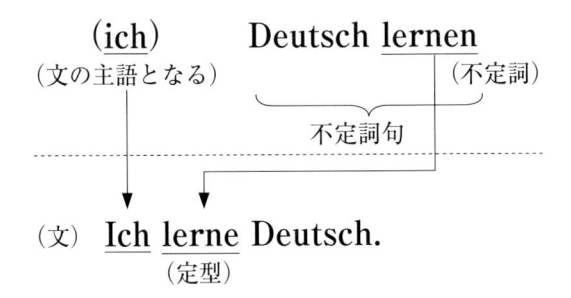

$$(\text{ich}) \quad \text{Deutsch lernen}$$
（文の主語となる）　　　　　　　（不定詞）
　　　　　　　　　不定詞句

（文）　**Ich lerne Deutsch.**
　　　　　　（定型）

　不定詞句と文とはあくまでもレベルがちがいます．このことを示すためにあいだに破線が引いてあります．

2. 不定詞句の拡張

　さて，ドイツ語で「私は毎日ドイツ語を勉強します」はどう言えばいいでしょうか．「毎日」は

$$\text{jeden Tag}$$
　　　　　　　　['jeːdən]　[taːk]

ですが，「毎日」をドイツ語の文ではどこへ置いたらよいのでしょうか．日本語の順序をまねて並べるのは考えものです．第一，日本語がドイツ語の作文の手本になるいわれがありません．事実，「私は」は文頭にありますが「勉強します」は文末にありますから，日本語の順序がドイツ語の文を書くときにあてにできないのは，この事実からしても明らかです．

　文の語順をきめるときも不定詞句のレベルから出発しなければなりません．最初から文のことを考えてはいけません．文の基は不定詞句なのですから，まず不定詞句のレベルで考えなければならないのです．

　つまり，いま不定詞 lernen「勉強する」の左どなりに「ドイツ語」Deutsch と「毎日」jeden Tag をならべようというわけです．

　2個の単語／語句を1カ所に平行に並べるわけにはゆきません（1カ所に平行に並べるとは2個の単語／語句を同時に発音することと同じで，不可能

— 77 —

です) から，どちらかが先でどちらかが後になります．さて，先に並ぶのはどちらでしょうか．

　それを決める手がかりは，**不定詞の意味と不定詞の左どなりへ並べようとする単語／語句の意味との関わり合いの深さ**です．「勉強する」に意味のうえで関わり合いがよりいっそう深いのはどちらでしょうか．「ドイツ語」でしょうか．それとも「毎日」でしょうか．

　それは「ドイツ語」です．「勉強する」という行為には対象が必要です．それに比べると，「毎日」という時間的な限定は「勉強する」という行為にとって対象ほど必然的な関係をもっていません．むろん，毎日勉強する勤勉な人が世の中にいることは事実ですが，だからといって「勉強する」という行為と「毎日」の意味的な関わりの方が「勉強する」という行為と「ドイツ語」という対象との意味的な関わりよりも深いという証明にはなりません．

　というわけで，不定詞「勉強する」lernenの左どなりにはまず「ドイツ語」Deutschが来ます．

$$\underbrace{\text{Deutsch } \underline{\text{lernen}}}_{\text{不定詞句}}\ {}_{\text{不定詞}}$$

こうして最初の不定詞句ができました．

　次はそこへ「毎日」jeden Tagを加えます．「毎日」jeden Tagの位置は「ドイツ語」Deutschの左どなりです．不定詞から数えれば「左どなり第2位」です．

$$\underbrace{\underset{②}{\text{jeden Tag}}\ \underset{①}{\text{Deutsch}}\ \underset{(\text{不定詞})}{\underline{\text{lernen}}}}_{\text{不定詞句}}$$

　この不定詞句を基にしてはじめて，下のように「私は毎日ドイツ語を勉強します」という文を作ることができます．

2. 不定詞句の拡張

```
   (ich)          jeden Tag Deutsch lernen
(文の主語となる)                        (不定詞)
                     不定詞句

(文)  Ich lerne jeden Tag Deutsch.
        (定形)
```

　それでは,「私は毎日勤勉にドイツ語を勉強します」はどう言えばいいでしょうか.「勤勉に」は

fleißig

['flaisɪç]

といいますが,これは本来は「勤勉な」という形容詞です.ドイツ語では**形容詞はそのままの形で副詞に転用してよい**のです.このfleißigを上で作った文Ich lerne jeden Tag Deutsch.のどこかへ挟み込もうなどと考えてはなりません.あくまでも不定詞句のレベルから出発して考えます.

　そうすると,こんどは不定詞「学ぶ」lernenの左どなりに三つの単語・語句が並ぶことになります.すなわち,「ドイツ語」Deutschと「毎日」jeden Tagと「勤勉に」fleißigの三つです.

　三つの配列順をきめる手がかりは,不定詞の意味とそれらの単語／語句の意味との関わり合いの深さの度合いでした.この場合,不定詞の直接左どなりの位置（つまり左どなり第1位）は「ドイツ語」が占めることは動かないでしょう.問題は左どなり第2位に来るのが「勤勉に」か「毎日」かという問題ですが,これも「学ぶ」という不定詞の意味からしますと,「勤勉に」の方が「毎日」よりも関係が深いと言えるでしょう.日常生活でも勉強するという行為について勤勉に勉強するか,いやいやながら勉強するかという区別はよく言われる区別であります.結局,「毎日」は左どなり第3位に落ち着きます.

　そこで不定詞句は次のような配置になります.

③　　　②　　　①
jeden Tag fleißig Deutsch lernen
(不定詞)

　　　　　　不定詞句

　この不定詞句を基にしてはじめて，下のように「私は毎日勤勉にドイツ語を勉強します」という文を作ることができます．

（ich）　jeden Tag fleißig Deutsch lernen
(文の主語となる)　　　　　　　　　　　　　(不定詞)
　　　　　　　　　不定詞句

（文）　Ich lerne jeden Tag fleißig Deutsch.
　　　　　定形

　以上が「不定詞句の拡張」です．「文は不定詞句を基にして作る」という意味がおわかりになりましたか．そして，不定詞句と文とではレベルが違うということも．

3. 配語順の原理

　さてここで

Ich lerne jeden Tag fleißig Deutsch.
　　　定形

という文の配語順がどのようにして決まったかをふりかえってみましょう．
　Deutsch が文末にあるのはなぜでしょうか．
　それはDeutschが不定詞句のレベルで不定詞lernenに最も意味的に関連が深いという理由で不定詞lernenのすぐ左どなりへ置かれたからでした．しかし，文のレベルに切り替わったときにlernenは定形となって主語のとなりへ移動してしまいました．結果としてDeutschは文末に残りました．

これはドイツ語の文の語順にとって非常に大事なことを意味しています．
　つまり，ドイツ語では**定形にとって意味上最も関連の深い文要素はかえって定形から最も離れた文末に位置する**ということです．ドイツ語の文末は定形にとって意味上最もたいじな要素が置かれる位置なのです．
　残る2個の文要素jeden Tagとfleißigの配列順もおなじ原理にしたがって決まっていることがわかります．すなわち，fleißigがDeutschのすぐ左どなりに位置しているのはfleißigと定形lerneとの意味上の関わりがDeutschのつぎに深いからです．そして，jeden Tagがfleißigよりもさらに左に位置しているのは，定形lerneとの意味上の関わり合いがfleißigに比べれば薄いからにほかなりません．文末から遠ざかって定形へ近づけば近づくほど，文要素の定形との意味上の関連性はうすくなる，逆に言えば，定形から遠ざかって文末へ近づけば近づくほど，文要素の定形との意味上の関連性は濃くなる——これがドイツ語における配語順の原理です．

4. 形容詞の述語用法

　「そのビールはつめたい」は

$$\text{Das Bier ist } \underline{\text{kalt}}.$$

[das]　[biːɐ]　[ɪst]　[kalt]

といいますが，この文はどのような不定詞句を基にして作ったのでしょうか．
　それは

$$\underline{\text{kalt sein}}^*$$
（不定詞）

不定詞句

です．kalt「つめたい」は形容詞であって動詞ではありませんから，kaltから定形を作ることはできません．不定詞はsein*です．
　このように不定詞sein*と結んだ形容詞を**形容詞の述語的用法**といいます．
　主語と不定詞句を結びつけて文にするには，不定詞が定形に変形して主語の次へ移動しなければなりません．

　　　　das Bier　　　kalt sein
　　　（文の主語となる）　　　（不定詞）
　　　　　　　　　不定詞句

（文）　Das Bier ist kalt.
　　　　　　　（定型）

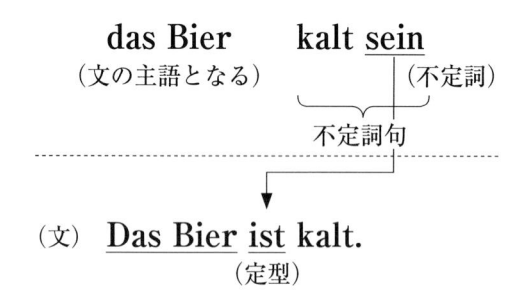

5. 形容詞の目的語

　「似た」ähnlich という形容詞は「…に似ている」という意味の述語になるためには「…に」に当たる部分に何か言葉を補わなければなりません．ここで「…に」として表されているのは目的語ですから，ähnlich sein* という不定詞句の左どなり第2位には**形容詞 ähnlich の目的語**を補わなければなりません．目的語を必要とするのは動詞だけではありません．形容詞のなかには ähnlich のように意味からして目的語を必要とするものがあります．

　ここで，さきに紹介した1格・2格・3格・4格がふたたび登場します．すなわち，これら4種の格のうち1格だけは文のなかで他の何にも支配されませんが（だから主語になれる！），残りの2格・3格・4格は他の何かに支配されることを表すのに使われます．文のなかで目的語になることはむろん他の何かに支配されるということです．ですから，いま問題にしている形容詞 ähnlich の目的語も2格か3格か4格のいずれかにならなければならないのですが，いったい何格にすればよいのでしょうか．

　答えは辞書が教えてくれます．ähnlich を引きますと

　　　　　　jm. ähnlich sein*　　或人に似ている

とか

　　　　　　（人³・物³に）似ている

とかの記載があります．

　jm. は jemandem [ˈjeːmandəm] を短縮した形で（jm. の最後のピリオドは

5. 形容詞の目的語

短縮の印です）「人の３格」を意味しています．つまり形容詞ähnlichの目的語には「人を意味する単語の３格の形が必要である」ことを教えているのです．「人³・物³」も同じことを意味しようとしていますが，ähnlichの目的語には人のみならず物もなることができることを示しています．

「息子は父に似ている」というドイツ語文を作ってみましょう．

文を作るには，その前段階として不定詞句を作らなければなりません．不定詞句は，

３格の目的語 + ähnlich sein*

ですが，「３格の目的語」のところへ「父に」を入れなければなりません．

「父」はVaterです．67ページでやったように定冠詞をかぶせて格変化させてみましょう．

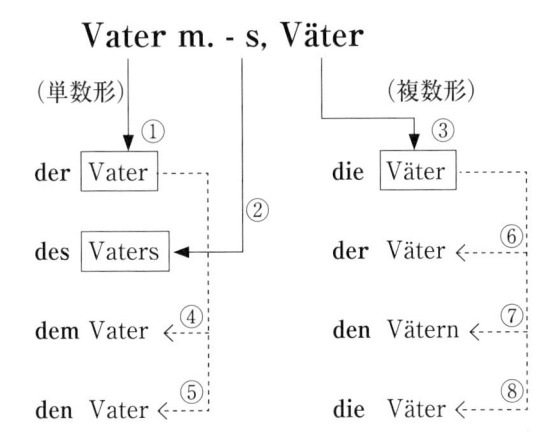

Vater m. - s, Väter

	（単数形）		（複数形）
der	Vater ①	die	Väter ③
des	Vaters ②	der	Väter ← ⑥
dem	Vater ④	den	Vätern ⑦
den	Vater ← ⑤	die	Väter ← ⑧

この場合に適当なのは単数形ですから，「３格の目的語」のところはdem Vaterを入れます．すると不定詞句は

dem Vater ähnlich sein*

になります．これにいま「息子は」der Sohnという主語を結びつけます．すると，不定詞sein*は定形istに変わって主語der Sohnの次の位置へ移動します．

第Ⅶ章　不定詞句から文へ

　　　(der Sohn)　　dem Vater ähnlich sein*
　　(文の主語となる)　　　　　　　　　　　(不定詞)
　　　　　　　　　　　　　不定詞句

（文）　Der Sohn ist dem Vater ähnlich.
　　　　　　(定形)

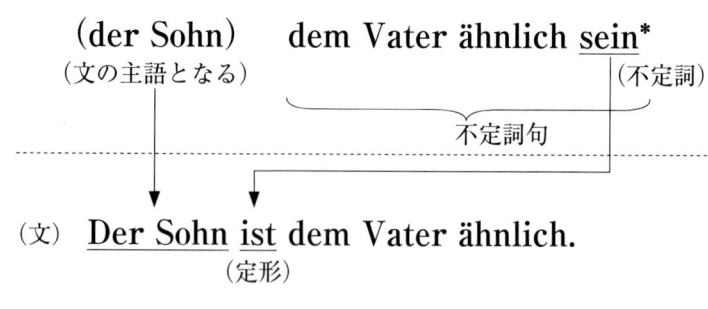

　このようにまず不定詞句を作ってからそれを文に変換するという手続きは，回り道のようですが，*Der Sohn ist ähnlich dem Vater.（はじめに＊が打ってあるのは非文法的な文です）のような誤った語順の文を作ってしまうおそれがない手堅い方法なのです．慣れてしまえば，この手続きを実際に書いてみる必要はなく，頭のなかで配列を考えて済ますことができます．

《練習》
　次の日本語をドイツ語になおしてみましょう．その際，まず不定詞句を作ってからそれを文に変換するという手続きにしたがって作文してください．
　1）　私は毎土曜日 (jeden Sonnabend) にテニス (Tennis) をする (spielen).

— 84 —

5. 形容詞の目的語

2) 子供（Kind）たちは母（Mutter）を手伝う（helfen：辞書を引いて目的語が何格になるか調べましょう）．

　………………………………………………………………………

　………………………………………………………………………

3) 母は子供たちに感謝する（danken：辞書を引いて目的語が何格になるか調べましょう）．

　………………………………………………………………………

　………………………………………………………………………

4) 私たちは明日（morgen）京都へ（nach）行きます（fahren）．

　………………………………………………………………………

　………………………………………………………………………

《チェック・ポイント》
自分の答えについて次の点をチェックしてください．
[　]①どの文も大文字ではじめていますか？
[　]②どの文もピリオドで終わっていますか？
[　]③どの名詞も大文字ではじめていますか？
[　]④3)のKindernは -n で終わっていますか？
　　（名詞の複数3格の形は -n で終わるようにするのでしたね）

【解答】1)　不定詞　spielen　不定詞句　jeden Sonnabend Tennis spielen　文　Ich spiele jeden Sonnabend Tennis．　2)　不定詞　helfen　不定詞句　der Mutter helfen　文　Die Kinder helfen der Mutter．　3)　不定詞　danken　不定詞句　den Kindern danken　文　Die Mutter dankt den Kindern．　4)　不定詞　fahren　不定詞句　morgen nach Kyoto fahren　文　Wir fahren morgen nach Kyoto．

一日の時間帯とあいさつ　　　　　Track⑨

朝　　**Morgen** [ˈmɔrgən] m.
昼　　**Tag** [taːk] m.
晩　　**Abend** [ˈaːbənt] m.
夜　　**Nacht** [naxt] f.

　　午前　　Vormittag [ˈfɔamɪtaːk] m.
　　正午　　Mittag [ˈmɪtaːk] m.
　　午後　　Nachmittag [ˈnaːxmɪtaːk] m.

おはよう　Guten Morgen!
こんにちは　Guten Tag!
こんばんは　Guten Abend!
おやすみなさい　Gute Nacht!

　　おはようございます，ミュラーさん．　Guten Morgen, Herr Müller!
　　ミュラーさん，おはようございます．　Guten Morgen, Frau Müller!
　　こんにちは，ハンス．　Guten Tag, Hans!
　　ウルリーケ，こんばんは．　Guten Abend, Ulrike!
　　おやすみなさい，ミュラーさん．
　　　　　Gute Nacht, Herr und Frau Müller!

　あいさつをするとき，名前が分かっている相手には，名前を添えてあいさつしましょう．
　ちなみに，「さようなら」は Auf Wiedersehen![auf ˈviːdɐzeːən] です．身内か親友に向かっては Tschüs![tʃyːs／tʃʏs]「バイバイ」を使います．

第 VIII 章
文の変形

　文を作る手続きは下のようでした．
　まず，不定詞句を作り，次に，不定詞句と文の主語を結びつけます．不定詞は主語の次位へ移動し，定形に変わります．
　こんどは文を変形する手続きを習いましょう．
　文を変形する手続きを覚えてこそ実際的な文を作ることができます．たとえば主語以外の文要素が文頭に立つ文や，疑問文や否定文などです．

1. 定形第2位

下の文は主語から始めています．

Ich <u>lerne</u> jeden Tag fleißig Deutsch.
　　　定形（第2位）

話し手／書き手が自分の行為をふつうに述べれば，このように主語から始めると思われます．でも，どんな平叙文でもいつも主語から始めるのが唯一の可能性ではありません．場合によって，主語以外の文要素のどれかを文頭に置いてそれから始めることがあります．

たとえばjeden Tagを文頭に置きますと，上の文は次のような配置になります．

Jeden Tag <u>lerne</u> ich fleißig Deutsch.
　　　　　　定形（第2位）

このとき，主語と定形が入れ替わっていることに御注目ください．主語と定形が入れ替わる現象を「定形倒置」と呼んでいますが，定形倒置は英語ではふつう起こりませんが，ドイツ語ではごくありふれた現象です．そして，「主語以外の文要素が文頭に立つとき，主語と定形とは入れ替わる」という文法規則としてきびしく守られています．

次のような配列はドイツ語では誤りです．

*Jeden Tag fleißig ich <u>lerne</u> Deutsch.
　　　　　　　　　　主語　　定形

ましてや，次のような配列はなおのこと誤りです．

*Jeden Tag fleißig Deutsch ich <u>lerne</u>.
　　　　　　　　　　　　　　主語　　定形

ちなみに，文頭へ置く文要素はjeden Tagでなくて，fleißigでもDeutschでもかまいません．話し手／書き手の自由です．

Fleißig <u>lerne</u> ich jeden Tag Deutsch.
　　　　定形（第2位）

1. 定形第2位

Deutsch lerne ich jeden Tag fleißig.
　　定形（第2位）

　つまり，主語以外の文要素が文頭に来ると，それが副詞句であろうと（たとえばjeden Tag），目的語であろうと（たとえばDeutsch），**必ず定形倒置が起こる**のです．

　いったいなぜ主語以外の文要素が文頭に立つとき，主語と定形は入れ替わる必要があるのでしょうか．

　定形の位置は，文の要素でかぞえて（語数でかぞえるのではありません）文頭から第2位です．主語から始まる文でも第2位，主語以外の文要素が文頭に立つ文でも第2位です．なぜかこの第2位という位置をドイツ語の文は固く守っているように見えます．なぜでしょうか．

　ここで思い出していただきたいのがドイツ語の文末です．

　文末は定形にとって意味上最も関連の深い文要素が置かれる位置でした．そればかりか，その他の文要素も定形との意味上の関連が深いほど文末に近く置かれていました．

　言い換えれば，ドイツ語の文の定形と他の文要素との意味上の関連性は文末に向うほどますます高まっていき，文末でその最高点に達するということです．

Ich lerne jeden Tag fleißig Deutsch.
　　定形（第2位）

　どんな文でもこのような原則にしたがって文要素が並べられているのですから，主語以外の文要素が文頭に立つことがあっても，この緊張関係を失うことは許されません．ですから，定形はつねに第2位に位置していなければなりません．これが主語以外の文要素が文頭に立つとき，主語と定形とが入れ替わるという規則がきびしく守られている理由です．

　主語と定形とを入れ替わらせるのがこの規則のねらいなのではありません．定形の位置を文中でつねに第2位に保つことがねらいなのです．

　主語以外の文要素，たとえばjeden Tagを文頭に置くのは，話し手／書き手が自分の話をjeden Tagに焦点をあてて始めたがっている気持ちのあらわ

れだと考えてください．「私は来る日も来る日も勤勉にドイツ語を学んでいます」とでも訳しましょうか．fleißigが文頭にあれば，「私は毎日それは勤勉にドイツ語を学んでいます」．Deutschが文頭にあれば，「私はドイツ語を毎日勤勉に学んでいます」のように．これはjeden Tag / fleißig / Deutschを単に強調するのとは少し違います．強調するのでしたら，話し言葉の場合，配語順はそのままであってもjeden Tagを大きな声で明瞭に言うだけで強調できます．書き言葉なら配語順はそのままで強調したい文要素に下線をすればすみます．

Jeden Tag lerne ich fleißig Deutsch.
定形（第2位）

　主語以外の文要素を文頭に置くのは，話し手／書き手が例えばjeden Tagという話題に焦点を当てたがっている気持ちのあらわれです．ですから文頭に主語以外の文要素を2個続けて並べることはできない相談です．焦点となる話題が二つあっては聞き手／読み手は話に注意を集中できません．次のような配列は誤りです．

*Jeden Tag fleißig lerne ich Deutsch.
　　　　　　　定形

　文のはじめにアステリスクが肩に打ってあるのは，文法的に誤っている印でした（84ページをごらんください）．

　　副詞句jeden Tagを文頭に置いた場合，jeden Tagの**次にコンマを打ってはいけません**．英語では文頭に置かれた副詞句のあとにコンマを打つことがありますが，ドイツ語では誤りです．Jeden Tag lerne ich Deutsch.と口に出して言ったときにjeden Tagのあと息をつぐのは事実ですが，だからといってそこにコンマを打つ必要はありません．わざわざ定形を先に出し主語を後にして定形倒置を行っているのはコンマを打つ代わりなのです．

1. 定形第2位

《練習》
次のそれぞれの文を下線をした語句を文頭に移動して，文全体を書きなおしなさい．また，書きなおした文を日本語になおしなさい．

1) Wir fahren in den Ferien ['feːriən] nach Paris [paˈriːs].

   (   )

2) Die Schüler spielen auf dem Schulhof Volleyball [ˈvɔlibal].

   (   )

3) Ich habe morgen viel Zeit.

   (   )

4) Ich trinke jetzt noch eine Tasse Kakao [kaˈkaːo].

   (   )

【解答】1) In den Ferien fahren wir nach Paris. （in は前置詞で英語の in に当たります.）この場合は3格の名詞・代名詞といっしょに使います．休暇に私たちはパリへ行きます．　2) Auf dem Schulhof spielen die Schüler Volleyball. （auf は前置詞で英語の on に当たります．この場合は3格の名詞・代名詞といっしょに使います.）校庭で生徒たちはバレーボールをします．　3) Morgen habe ich viel Zeit. 明日は私はずいぶん時間のゆとりがある．　4) Jetzt trinke ich noch eine Tasse Kakao. いま私はもう一杯ココアをのむ．

2. 疑問文の作り方

「これは時計です」はドイツ語では,

Das ist eine Uhr.

というのでした.

「これは時計ですか」というドイツ語は, **主語と定形を入れ替える**という変形を加えて作ります. この場合は**定形第1位**となります. もちろん上がりイントネーションで読みます.

Ist das eine Uhr?
定形 主語
（第1位）

「あなたはドイツ語を勉強していますか」は

Du lernst Deutsch.
主語　　定形

の主語と定形を入れ替えて作ります. 英語のようにDo you 〜?のように助動詞を使うことはありません. 上とおなじように上がりイントネーションです.

Lernst du Deutsch?
定形（第1位）主語

「そのビールはつめたいですか」も

Das Bier ist kalt.
主語　　定形

主語と定形を入れ替えるという変形を加えて作ります.

Ist das Bier kalt?
定形（第1位）主語

言うまでもなく上がりイントネーションで読みます.

2. 疑問文の作り方

《練習》

次のそれぞれの文を日本語になおしなさい．また疑問文に変形しなさい．

1) Das sind Kulis.
   (　　　　　　　　)

2) Das ist ein Hefter.
   (　　　　　　　　)

3) Der Wagen des Mannes ist neu.
   (　　　　　　　　)

4) Sie geben dem Mann die Hand.
   (　　　　　　　　)

5) Die Rose ist schön.
   (　　　　　　　　)

6) Die Kinder helfen der Lehrerin.
   (　　　　　　　　)

7) Sie kennen die Männer.
   (　　　　　　　　)

【解答】 1) Sind das Kulis? それらはボールペンですか． 2) Ist das ein Hefter? それはホッチキス／ファイル／バインダーですか． 3) Ist der Wagen des Mannes neu? その男性の車は新しいですか． 4) Geben Sie dem Mann die Hand? あなたはその男性と握手しますか． 5) Ist die Rose schön? そのバラは美しいですか． 6) Helfen die Kinder der Lehrerin? 子供たちは先生を手伝いますか． 7) Kennen Sie die Männer? あなたはその男性たちを知っていますか．

3. 否定文の作り方 (1)　　　　　　　　　Track⑫

「これは時計です」はドイツ語では,

Das <u>ist eine Uhr</u>.

というのでした.
　これを「これは時計ではありません」という否定文に変えましょう.
　下線部（述部という）ist eine Uhrに不定冠詞をかぶせられた名詞があれば, 不定冠詞を否定冠詞（不定冠詞に k を添えた形）で置き換えます.

Das ist *k*eine Uhr. 「これは時計ではありません」

　それでは, 目の前にある2個以上の時計を指して「これらは時計です」と言っている

Das sind Uhren.

の場合, 否定文はどうなるでしょうか.
　Das sind Uhren. の Uhren は複数形なので, Uhren にかぶせる**複数用の不定冠詞はありません**. しかし, **複数用の否定冠詞はあります**. 下の表のとおりです.
　表のなかから適合する形をえらぶとしますと, 1格の keine が適合しますので,「これらは時計ではありません」は

Das sind *keine* Uhren.

となります.

keine
keiner
keinen
keine

Das <u>ist Milch</u>.

の場合はどうすればよいでしょうか.
　「ミルク」Milch は量だけがあって1個, 2個と数えることができない物質名詞です. いわゆる不加算名詞です. **不加算名詞には不定冠詞をかぶせませんので無冠詞になっています**. しかし, 否定文を考えるときには

Das ist (eine) Milch.

— 94 —

3. 否定文の作り方 (1)

を打ち消すのだと考えてください．すると否定文は

Das ist *k*eine Milch.

となります．
　「私はミルクを飲みません」は

Ich trinke (eine) Milch.

を打ち消すのだと考えてください．すると否定文は

Ich trinke *k*eine Milch.

となります．
　「私はボーイにチップを与える」はドイツ語で

Ich gebe dem Kellner Trinkgeld.

と言いますが，これの否定文はどうなるでしょうか．
　日本語では「私はボーイにチップを与えない」と言いますので，「与える」という動詞を否定しなければならないように思いますが，実際はTrinkgeldに否定冠詞をかぶせることで否定文になります．
　まず，物質名詞で不可算名詞のTrinkgeldの前にein（中性4格）があると考えます．

Ich gebe dem Kellner (ein) Trinkgeld.

この不定冠詞を否定冠詞で置き換え，（　）を取り払いますと

Ich gebe dem Kellner *k*ein Trinkgeld.

が目指す否定文です．
　以上は否定冠詞を使った否定文でした．否定冠詞は不定冠詞とおなじように名詞にかぶせられますが，だからと言ってその名詞だけを打ち消しているわけではありません．ですからkeinを使った否定は部分否定などではありません．上のチップの例でお分かりのように，「負のチップを与える」ことは「チップを与えない」ことですから，結局，述語の動詞を打ち消しています．すなわち**全文否定**です．

第Ⅷ章　文の変形

《練習》
次のそれぞれの日本語をドイツ語になおしなさい．
1)　それはテーブル（Tisch）ではありません．

----

2)　それらは本（Buch：複数にすること）ではありません．

----

3)　私はコーヒー（Kaffee）は飲み（trinken）ません．

----

4)　私はお金（Geld）がありません（＝私は負のお金を持っています[haben]）．

----

5)　私たちには住まい（Wohnung）がありません（＝私は負の住まいを持っています）．

【解答】1)　Das ist kein Tisch.　　2)　Das sind keine Bücher.　　3)　Ich trinke keinen Kaffee.　　4)　Ich habe kein Geld.　　5)　Wir haben keine Wohnung.

4. 否定文の作り方 (2)　　　　　　　　　　　Track⑬

「そのビールはつめたい」は

Das Bier ist kalt.

と言うのでした．これを否定文に変形して「そのビールはつめたくない」という意味の文を作りたいのですが，**この否定文はkeinを使って作ることができません**．それは，この文の述部ist kaltに不定冠詞をかぶせられた名詞がふくまれていないからです．

4. 否定文の作り方 (2)

　keinを使って否定文に変形することができない文は，nichtを使って否定文に変形します．
　その場合，nichtを文のどの位置へ入れるかを決めなければなりません．
　nichtの位置を決める際の最も大切な原則：**nichtの位置は不定詞句のレベルで決まります．すなわち不定詞句のなかの否定したい文要素の前にnichtを置きます．**もし述語の前へ置けば全文否定になります．
　ところで，Das Bier ist kalt．の述部を不定詞句の形にもどすと，

kalt sein*

ですが，この述部は述語動詞sein*と述語内容詞kaltで出来ていて，kaltをsein*から切り離すことができません．そこでnichtはkalt sein*の前に置かなければなりません．

nicht kalt sein*

この否定の不定詞句と主語das Bierを結びつけますと

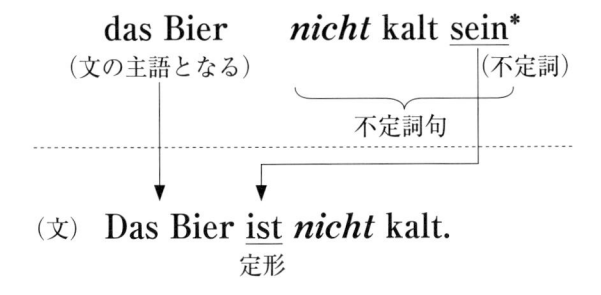

das Bier　　*nicht* kalt sein*
（文の主語となる）　　　　　　　（不定詞）
不定詞句

（文）　Das Bier ist *nicht* kalt．
定形

結果から言えば，nichtは文中でkaltの前に位置することになります．
　それでは，「私はその男性を知っています」

Ich kenne den Mann．

の否定文「私はその男性を知りません」を作ってみましょう．
　この文の基になった不定詞句は

den Mann kennen*

— 97 —

でした．こんどは否定したいのは述語動詞kennenですから，nichtはkennenの前に置きます．

den Mann nicht kennen*

この否定の不定詞句と主語ichを結びつけますと

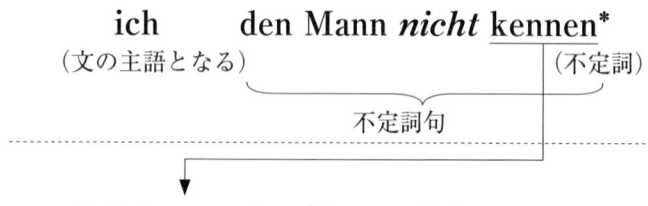

ich　　den Mann nicht kennen*
（文の主語となる）　　　　　　　　（不定詞）
不定詞句

（文）Ich kenne den Mann nicht.
　　　定形

　以上でごらんのとおり，おなじ全文否定であってもnichtの文中の位置はいつも文末とは限りません．文のレベルでnichtの位置を考えてはいけません．かならず不定詞句のレベルで考えるようにします．
　こんどは「私はビールが好きだ」（直訳：私はビールを好んで飲む）の否定文を考えましょう．

Ich trinke gern Bier.

の不定詞句は

gern Bier trinken*

です．この不定詞句のなかで打ち消したい文要素はgernですから，gernの前にnichtを置いて否定の不定詞句をつくります．

nicht gern Bier trinken*

　ここでこの不定詞句の意味を考えてください．nichtはgern Bier trinken*という不定詞句を打ち消す位置にありますから，不定詞句は「好んではビールを飲まない」という意味です．
　この否定の不定詞句を主語ichと結びつけます．

4. 否定文の作り方 (2)

```
 ┌─── ich      nicht gern Bier trinken*
 │   (文の主語となる)              (不定詞)
 │            ╲_____╱
 │                 不定詞句
 │   ↓
(文) Ich trinke nicht gern Bier.
        定形
```

意味は「私は（ビールを飲むことは飲むけれども）好んではビールを飲まない」です．つまり**部分否定**です．

ところで，「私はテニスをします」

Ich spiele Tennis.

の否定文「私はテニスをしません」は

*Ich spiele *kein* Tennis.

ではなくて

Ich spiele *nicht* Tennis.

です．これはなぜでしょうか．

この場合は特殊です．といいますのは，この文の基になった不定詞句 Tennis spielen は動詞と目的語が一体化して，いわゆる熟語になっているからです．熟語になってしまった場合は，Tennis の前に否定冠詞をかぶせることができませんので，nicht を使って否定文を作らざるを得ません．

しかも，不定詞句 Tennis spielen は一体化していますから，*nicht* は Tennis と spielen のあいだに割り込んで spielen の前に立つことができません．そこで否定の不定詞句は

nicht Tennis spielen

となります．したがって否定文は

第VIII章　文の変形

ich　　*nicht* Tennis spielen
（文の主語となる）　　　　（不定詞）
不定詞句

（文）　Ich spiele *nicht* Tennis.
　　　　　　定形

です．

*Ich spiele Tennis *nicht*.

とはなりません．これは，不定詞句のレベルでnichtをあやまってspielenの前へ割り込ませて

*Tennis *nicht* spielen

としたために起きた誤りです．

　Tennis spielenが熟語であって，そのためにTennisとspielenのあいだにnichtが割り込めないという現象に関連して，一連のおなじ現象を観察しておきましょう．

Ich lerne Deutsch.

の否定文はどうなるでしょうか．Deutschは中性名詞ですがDeutsch lernenもTennis spielen同様に熟語化していますので，無冠詞です．それゆえ，否定にはnichtを使わなければなりません．

Ich lerne *nicht* Deutsch.

「私たちは京都に住んでいます」

Wir wohnen in Kyoto.

の不定詞句は

in Kyoto wohnen

— 100 —

ですが．nicht は in Kyoto の前に置かなければなりません．それは，「住む」wohnen という行為と場所を表す句 in Kyoto とは意味的に不可分離な単位だからです．

nicht in Kyoto wohnen

したがって否定文は

Wir wohnen *nicht* in Kyoto.

です．
　おなじことは「私たちはパリへ行きます」

Wir fahren nach Paris.

についても言えます．「行く」fahren* という行為と方角を表す句 nach Paris とは意味的に不可分離な単位ですから nicht は nach Paris の前に置かなければなりません．

Wir fahren *nicht* nach Paris.

　前置詞句が場所や方角をあらわす副詞のはたらきをするのではなくて目的語のはたらきをする場合があります．たとえば，「彼は地球の将来を思いやる」

Er denkt an die Zukunft der Erde.

で下線をした an die Zukunft der Erde は denken* の目的語のはたらきをしています．前置詞がついているので**前置詞格目的語**と呼ばれます．前置詞句が副詞のはたらきをしているのか目的語のはたらきをしているのかは，辞書を引いて確かめます．denken* の項を見てください．

an jn. (et.) 〜

an（人・事）^{4} denken*

an et^4 / j^4

などのような記載があります．
　「彼は地球の将来を思いやる」にあたるドイツ語文を否定してみましょう．まず不定詞句にもどします．

an die Zukunft der Erde denken*

前置詞格目的語と動詞の結びつきはTennis spielenの場合とおなじように緊密ですので否定の不定詞句を作る場合にnichtを前置詞格目的語と動詞のあいだへ割り込ませることはできません．ですから，否定の不定詞句は

nicht an die Zukunft der Erde denken*

したがって否定文は

Er denkt *nicht* an die Zukunft der Erde.

述語の動詞とそれに意味的に不可分離な文要素という問題に関連して，次の例を考えましょう．

Ich gebe dem Kellner *kein* Trinkgeld.

という否定文は正しくて

*Ich gebe dem Kellner *nicht* Trinkgeld.

という否定文は正しくないのはなぜでしょうか．
　不定詞句にもどって考えましょう．上の否定文の不定詞句は

*dem Kellner *nicht* Trinkgeld geben*

となります．ここではTrinkgeldとgeben*のあいだにnichtが割り込んでいません．ということはTrinkgeld geben*をTennis spielenとおなじように不可分離な熟語として扱っていることを意味します．しかし，実際にはTrinkgeld geben*は熟語でありません．ですから，nichtを使って否定するのはおかしいのです．
　さいごに「息子は父に似ている」の否定文を作ってみましょう．

Der Sohn ist dem Vater ähnlich.

4. 否定文の作り方 (2)

の不定詞句は

$$\text{dem Vater ähnlich sein*}$$

ですが，述語はähnlich sein*ですので，その前にnichtを置きます．

$$\text{dem Vater } \textit{nicht} \text{ ähnlich sein*}$$

この否定の不定詞句と主語der Sohnを結びつけた否定文は

$$\text{Der Sohn ist dem Vater } \textit{nicht} \text{ ähnlich.}$$

《練習》
次のそれぞれの日本語をドイツ語になおしなさい．
1) それは市庁舎（Rathaus）ではありません．

2) それはその部屋（Zimmer）の鍵（Schlüssel）ではありません．

3) その山（Berg）は高く（hoch）ありません．

4) 娘（Tochter）は母（Mutter）に似ていません．

5) 私たちはその婦人（Frau）を知りません．

【解答】1) Das ist nicht das Rathaus. 2) Das ist nicht der Schlüssel des Zimmers. 3) Der Berg ist nicht hoch. 4) Die Tochter ist der Mutter nicht ähnlich. 5) Wir kennen die Frau nicht.

> 　Tennis spielen, Deutsch lernen, in Kyoto wohnen, nach Paris fahren, an et./j. denkenで述語動詞と特定の文要素が意味的に固く結びついていることを見ましたが，ドイツ語の配語順の原理では，述語動詞が定形の位置へ移動しますと，述語動詞と意味的に固く結びついている特定の文要素はかえって定形から最も離れた位置，つまり文末に位置することになります．
> 　その場合，文末は述語動詞と意味的に固く結びついている特定の文要素によって占められてしまいますので，全文否定であってもnichtが文末に立つことができないことになります．そこでnichtは文末から一歩左へさがった位置に立ちます．
> 　ですから，全文否定ならnichtは必ず文末などという規則を自分勝手に作ってはなりません．

5. 疑問文に答える　　　　　　　　Track⑭

　「あなたはあの男性を知っていますか」は，ドイツ語ではKennst du den Mann?といいます．あるいは，敬語では

Kennen Sie den Mann?

といいます．この疑問文に「はい，私はその男性を知っています」と答える文は

Ja, ich kenne den Mann.

です．「いいえ，私はその男性を知りません」は

Nein, ich kenne den Mann nicht.

といいます．
　「はい」はja，「いいえ」はneinです．どちらもコンマであとに続く文と区切って，ja / neinが文から独立していることを示します．
　このとき「はい，私はその男性を知っています」と答えるかわりに「はい，私は彼を知っています」と返事したいものですが，それは次のようにい

5. 疑問文に答える

います．

Ja, ich kenne ihn.

また，「いいえ，私は彼を知りません」は次のようにいいます．

Nein, ich kenne ihn nicht.

　ihn は 4 格の男性名詞 Mann の代わりをしていますので，ihn のことを**人称代名詞**といいます．　4 格の女性名詞の代わりをする人称代名詞は sie です．たとえば，

Kennen Sie die Frau?

Ja, ich kenne sie.

Nein, ich kenne sie nicht.

3 格の男性名詞の代わりをする人称代名詞は ihm です．

Helfen die Kinder dem Vater?

Ja, die Kinder helfen ihm.

Nein, die Kinder helfen ihm nicht.

3 格の女性名詞の代わりをする人称代名詞は ihr です．

Helfen die Kinder der Mutter?

Ja, die Kinder helfen ihr.

Nein, die Kinder helfen ihr nicht.

　Was ist das?「これは何ですか」の das を der Mann で置き換えると，「その男性は何ですか」という男性の職業や身分などを問う文ができます．その男性が先生 Lehrer だとしますと，問答は

Was ist der Mann?

Er ist Lehrer.

　第1の文でder Mannは主語です．したがって1格です．第2の文のerは1格の男性名詞の代わりをする人称代名詞です．それから，Er ist Lehrer.という文について英語とちがうところがあります．英語ではHe is a teacher.といいますが，ドイツ語では人の国籍・職業・身分を紹介する文では，Er ist ein Lehrer.といわないで，不定冠詞を省くことになっているのでした．

　1格の女性名詞の代わりをする人称代名詞はsieです．たとえば，「その女性は何ですか」「先生です」は

Was ist die Frau?

Sie ist Lehrerin.

といいます．

　人称代名詞は「人」ばかりか，「物」を表す名詞の代わりをすることもできますので，「ここに椅子があります」「それは古風です」は，椅子のように無生物であっても，男性名詞なので「彼」と言わなければなりません．

Hier ist ein Stuhl.

Er ist altmodisch.

といいます．それゆえ，女性名詞の場合は，無生物であっても「彼女」と言わなければなりません．「ここに時計があります」「それはモダンです」は

Hier ist eine Uhr.

Sie ist modern.

といいます．

　1格の中性名詞の代わりをする人称代名詞はesです．「その子供は何歳で

すか」「2歳です」は次のようにいいます．

Wie alt ist das Kind?

<u>Es</u> ist zwei Jahre alt.

　4格の中性名詞の代わりをする人称代名詞もesですので，「あなたはその子供を知っていますか」「はい，知っています」「いいえ，知りません」は次のようにいいます．

Kennen Sie das Kind?

Ja, ich kenne <u>es</u>.

Nein, ich kenne <u>es</u> nicht.

《練習 1》
次の日本語をドイツ語になおしなさい．
1) ここに（hier）一人の女性（Frau）がいます．彼女はMüllerさん（Frau Müller）です．

　　--

　　--

2) あそこに（dort）あの自動車（Auto）が見えますか．それはMüllerさんのものです（jm. gehören）．

　　--

　　--

3) あなたは（親称）先生（Lehrer）に手紙を書きます（jm. schreiben*）か．いいえ，書きません．

　　--

　　--

【解答1】 1) Hier ist eine Frau. Sie ist Frau Müller.　2) Sehen Sie dort das Auto? Es gehört Frau Müller.　3) Schreibst du dem Lehrer? Nein, ich schreibe ihm nicht.

　もし，そのビールがどのような状態にあるかが不明なときには「そのビールはどのような状態にありますか」ということを尋ねなければなりません．その場合は，kaltを疑問詞wie「どのように」で置き換えますが，**疑問詞は文頭に置くことになっていますので，ここでも変形が必要です．**

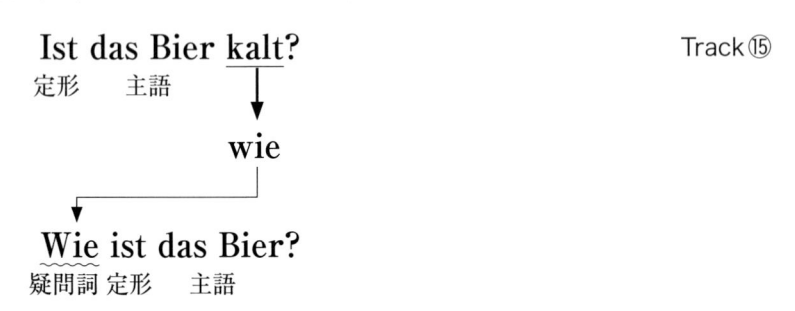

Ist das Bier kalt?
定形　　主語
↓
wie
↓
Wie ist das Bier?
疑問詞 定形　主語

Track ⑮

　できあがった疑問文は疑問詞ではじまっています．**疑問詞ではじまっている疑問文は下がりイントネーションで読みます．**
　「これは時計ですか」という文の「時計」を疑問詞「何」wasで置き換えた「これは何ですか」というドイツ語を作ってみましょう．

Ist das eine Uhr?
定形 主語
↓
was
↓
Was ist das?
疑問詞 定形 主語

　「あなたは毎日ドイツ語を勉強します」の「ドイツ語」の部分を疑問詞の「何を」wasに置き換えてみましょう．

5. 疑問文に答える

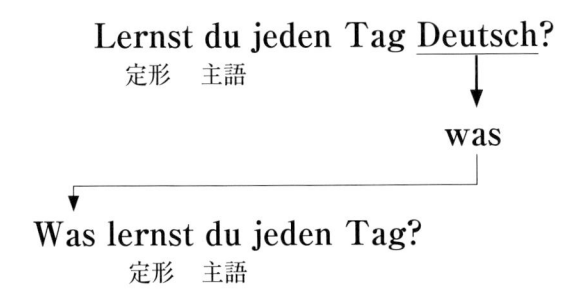

Lernst du jeden Tag <u>Deutsch</u>?
　　定形　主語
　　　　　　　　　　　　↓
　　　　　　　　　　　was

Was lernst du jeden Tag?
　　　定形　主語

「あなたは毎週土曜日にテニスをしますか」の「毎週土曜日に」の部分を疑問詞の「いつ」wann に置き換えますと，こんどは

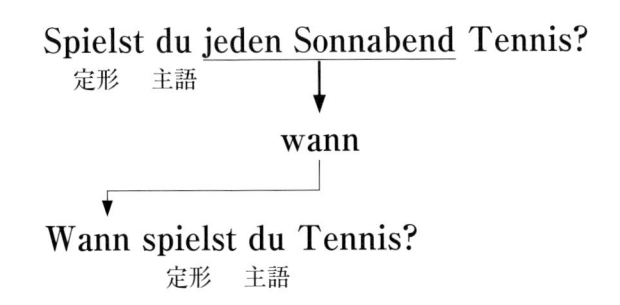

Spielst du <u>jeden Sonnabend</u> Tennis?
　　定形　主語
　　　　　　　　　↓
　　　　　　　　wann

Wann spielst du Tennis?
　　　定形　主語

「あなたはいつテニスをしますか」ができあがります．

《練習2》
　次のそれぞれの疑問文にドイツ語で返事を書いてください．
　1) Was ist das?　　　　2) Was sind das?

第VIII章　文の変形

3) Wann fahren Sie nach Kyoto?　4) Wem ist der Sohn ähnlich?

5) Wem dankt die Mutter? 　6) Was trinkst du?

【解答2】1) Das ist eine CD [tseːˈdeː]. (CDのアクセントは [ˈdeː] にあります)　2) Das sind Vögel.　3) Ich fahre morgen nach Kyoto. / Wir fahren morgen nach Kyoto. (二つ目の文はSieを複数と解釈した場合の答えです)　4) Er ist dem Vater ähnlich.　5) Sie dankt den Kindern / den Töchtern.　6) Ich trinke Kakao [kaˈkaːo].

第 IX 章
「冠詞類」のバラエティ

　名詞にかぶせて使われるのは定冠詞と不定冠詞だけではありません．
　「彼の」のように所有を表す言葉も名詞にかぶせて使われますし，「この」とか「こんな」のように何かを指し示す言葉も名詞にかぶせて使われます．
　本書では名詞にかぶせて使われる単語をまとめて「冠詞類」と呼んでいます．「冠詞類」全体がどのようなシステムで統一されているのか説明しましょう．

1.「冠詞類」のはたらき

　定冠詞は各1個が三重の役目を負っています．第一にかぶせられた名詞の性を示します．第二にかぶせられた名詞が単数であるか複数であるかを示します．第三にかぶせられた名詞が何格であるかを示します．三つの役目をひとくくりにして「性・数・格」と一口にいいます．

　定冠詞の例で分かるように，「冠詞類」の役目はかぶせられた**名詞の「性・数・格」**を表示することです．

　冠詞には定冠詞と不定冠詞がありますが，そのほかにも名詞にかぶせられて使われる品詞があります．本書ではこれらを一括して「冠詞類」と総称しています．

　冠詞類は変化の点で二つのタイプに分かれます．二つのどこが違うかはこれから説明しますが，まずは冠詞類が二つのタイプに分けられることを頭に入れてください．

2. タイプ①の実例：dieser「この」　Track⑯

　Tisch「テーブル」に定冠詞をかぶせるときは，Tischが男性名詞なので，定冠詞はder – des – dem – denの系列が選ばれます．die – der – der – dieの系列やdas – des – dem – dasの系列が選ばれることはありません．しかし，Uhr「時計」に定冠詞をかぶせるときは，Uhrが女性名詞なので，定冠詞はdie – der – der – dieの系列が選ばれます．der – des – dem – denの系列やdas – des – dem – dasの系列が選ばれることはありません．けれども，Haus「家」に定冠詞をかぶせるときは，Hausが中性名詞なので，定冠詞はdas – des – dem – dasの系列が選ばれます．der – des – dem – denの系列やdie – der – der – dieの系列が選ばれることはありません．また，Tische「テーブル（複数）」に定冠詞をかぶせるときは，定冠詞はdie – der – den – dieの系列が選ばれます．

　いっさいの「冠詞類」は，名詞にかぶせる場合，まず名詞の性を見定めなければなりません．「このテーブル」のように「テーブル」に「この」をかぶせて使おうとすると，まず「テーブル」Tischが男性名詞であることを知っていなければならないのです．

2. タイプ①の実例：dieser「この」

　さて、「この」は辞書にはdieserとして載っていますが、dieserは**男性名詞の1格にかぶせる形を代表形として載せている**だけで、実際に文のなかで使われる場合は、定冠詞の語尾をまねて四つの形に変化しなければなりません。

d*er* Tisch　　－　dies*er* Tisch

d*es* Tisch[*e*]*s*　－　dies*es* Tisch[*e*]*s*

d*em* Tisch[*e*]　－　dies*em* Tisch[*e*]

d*en* Tisch　　－　dies*en* Tisch

　ですから、単数1格の形はdieser Tischですが、単数2格はdieses Tischesですし、単数3格としてはdiesem Tisch[e]でなければなりませんし、単数4格はdiesen Tischとなります。

　しかし、Uhr「時計」に定冠詞をかぶせるときは、定冠詞は女性名詞用のdie－der－der－dieの系列が選ばれます。そして、「この」は女性名詞用定冠詞の系列にならって下のように形を変えます。

d*ie* Uhr　－　dies*e*　Uhr

d*er* Uhr　－　dies*er* Uhr

d*er* Uhr　－　dies*er* Uhr

d*ie* Uhr　－　dies*e*　Uhr

　ですから、単数1格の形はdiese Uhrですが、単数2格はdieser Uhrですし、単数3格としてはdieser Uhrでなければなりませんし、単数4格はdiese Uhrとなります。

　中性名詞の場合もおなじことが起こります。Haus「家」に定冠詞をかぶせるときは、定冠詞は中性名詞用のdas－des－dem－dasの系列が選ばれますから、「この」は中性名詞用定冠詞の系列にならって形を変えます。

d*as* Haus　　－　dies*es* Haus

d*es* Hauses　－　dies*es* Hauses

d*em* Haus[e]　－　dies*em* Haus[e]

d*as* Haus　　－　dies*es* Haus

　1格・4格の形に御注意ください．定冠詞はd*as*ですが「この」はdies*as*とはならないでdies*es*になっています．d*as*ではaにアクセントがあるのですが，dies*es*ではアクセントはdie-にあって-sesにはないからです．
　名詞の複数形にかぶせる場合は下のようになります．

die Häuser　－　dies*e* Häuser

d*er* Häuser　－　dies*er* Häuser

d*en* Häuser*n*　－　dies*en* Häuser*n*

die Häuser　－　dies*e* Häuser

　「このテーブル（複数）」でしたら，どのように変化するでしょうか．Tischの複数形はTischeです．1格はdiese Tische，2格はdieser Tische，3格はdiesen Tischen，4格はdiese Tischeです．

3. タイプ②の実例：mein「私の」

　「私の」も名詞にかぶせて使われる単語のひとつです．したがって，文のなかでは名詞の性・数・格を表示するために形を変えます．いま，実例①で使ったのと同じ名詞に「私の」をかぶせてみましょう．すると実例①とのちがいが分かります．
　「私の」は辞書ではmeinとして載っています．「テーブル」Tischは男性名詞ですから，「私の」meinはder － des － dem － denの系列にならって形

3. タイプ②の実例：mein「私の」

を変えることになります。ところが，男性1格の形は下のように**語尾-erを
つけません**。本書ではそのことを目立たせるために■を印刷してあります．

d*er* Tisch	mein■ Tisch
d*es* Tisch[e]*s*	mein*es* Tisch[e]*s*
d*em* Tisch[e]	mein*em* Tisch[e]
d*en* Tisch	mein*en* Tisch

ですから，例えば「私のボールペン」はmein Kuli – meines Kulis – meinem Kuli – meinen Kuliのように形を変えるのです．mein Kuliとしないで，*mein*er* Kuliとするのは誤りです．

女性名詞の場合はどうでしょうか．Uhrは女性名詞ですから，「私の」meinはdie – der – der – dieの系列にならって形を変えることになります．

そこで

d*ie* Uhr	mein*e* Uhr
d*er* Uhr	mein*er* Uhr
d*er* Uhr	mein*er* Uhr
d*ie* Uhr	mein*e* Uhr

「私のＣＤ」でしたら，meine CD – meiner CD – meiner CD – meine CDのように形を変えます．つまり，女性名詞の場合は定冠詞の場合と語尾がおなじです．

けれども，**中性名詞の場合は1格と4格の形に語尾-esがつきません**．

| d*as* Haus | mein■ Haus |
| d*es* Haus*es* | mein*es* Haus*es* |

d*em* Haus[*e*]　　　　mein*em* Haus[*e*]

d*as* Haus　　　　　　mein■ Haus

また，たとえば「バイク」Mofa['moːfa]にmeinをかぶせて「私のバイク」を作るときも，1格はmein■ Mofaとなります。*mein*as* Mofaとはなりませんし，*mein*es* Mofaともなりません。2格はmeines Mofas，3格はmeinem Mofa，そして4格がまたmein■ Mofaです。

「私の家（複数）」の変化形を書いてみましょう。

die Häuser　　　　　meine　Häuser

d*er* Häuser　　　　mein*er* Häuser

d*en* Häusern　　　mein*en* Häusern

die Häuser　　　　　meine　Häuser

ここでちょっと脱線して，「名詞の複数3格は -n で終わること」という規則について例外を覚えてください。それは -s 式の複数形です。たとえば，CD（複数）の変化は f. - / -s にしたがい meine CDs − meiner CDs − meinen CDs − meine CDs となり，3格は*meinen CDsn となりません。

以上のように mein の変化と dieser の変化とではちがう箇所があります，つまり「冠詞類」の変化には一部にバラエティがあります。すなわち，①の dieser「この」型のようにすべての性・数・格に語尾が備わっているタイプと，②の mein「私の」型のように男性1格・中性1格・中性4格の三カ所に語尾が欠けている（このことを■で示しています）タイプの2種類に分けることができます。

3. タイプ②の実例：mein「私の」

タイプ①に属するのは

> 定冠詞のほかに
> dieser（英語の this）
> jener（英語の that）
> solcher（英語の such）
> jeder（英語の every）
> aller（英語の all）
> mancher（英語の many）
> welcher（英語の which）

など.

　このうち jeder は単数形でしか使わないことになっています．複数形の名詞にかぶせて使うことはありません．したがって，jeder を名詞にかぶせた場合，8個の形ではなくて4個の形しかそろいません．例えば，Blume f. -, -n ですと，jede Blume, jeder Blume, jeder Blume, jede Blume はできますが，複数形をつくることはできないのです．それは jeder が「どの花見てもきれいだな」のように一本一本を取り立てて眺めていることを意味するからです．

タイプ②に属するのは

> mein■（英語の my）
> dein■（英語の your）
> sein■（英語の his と its）
> ihr■（英語の her と their）
> unser■（英語の our）
> euer■（英語の your）
> kein■（英語の no）

など.

　ほかに不定冠詞 ein があります．ただし，**不定冠詞 ein は「或る／一つの」**を意味しますから，意味からして単数形しかありません．

　また，ihr（英語の her と their）を大文字ではじめて **Ihr** と書きますと，2人称の意味に変わって，**敬称の「あなたの／あなた方の」**という意味になります．sie（複数形：they にあたる）を大文字で書きはじめて Sie としますと敬称の「あなたは／あなた方は」の意味になるのとおなじです．

第Ⅸ章 「冠詞類」のバラエティ

《練習1》 次の名詞に（ ）のなかの「冠詞類」（代表形を書いてあります）をかぶせて格変化させてみましょう．それぞれの意味を書いてください．

1) (solcher) Kind
( )

2) (mancher) Stadt
( )

3) (welcher) Film
( )

4) (dieser) Garten
( )

5) (unser) Onkel
( )

6) (sein) Schwester
( )

7) (Ihr) Buch
( )

8) (euer) Koffer
( )

9) (dein) Bruder
( )

3. タイプ②の実例：mein「私の」

【解答1】

1) このような子供
　solches Kind
　solches Kind[e]s
　solchem Kind[e]
　solches Kind
　solche Kinder
　solcher Kinder
　solchen Kindern
　solche Kinder

2) いくつもの町
　manche Stadt
　mancher Stadt
　mancher Stadt
　manche Stadt
　manche Städte
　mancher Städte
　manchen Städten
　manche Städte

3) どの映画
　welcher Film
　welches Film[e]s
　welchem Film[e]
　welchen Film
　welche Filme
　welcher Filme
　welchen Filmen
　welche Filme

4) この庭
　dieser Garten
　dieses Gartens
　diesem Garten
　diesen Garten
　diese Gärten
　dieser Gärten
　diesen Gärten
　diese Gärten

5) われわれのおじ
　unser Onkel
　unseres Onkels
　unserem Onkel
　unseren Onkel
　unsere Onkel
　unserer Onkel
　unseren Onkeln
　unsere Onkel

6) 彼の／それの姉妹
　seine Schwester
　seiner Schwester
　seiner Schwester
　seine Schwester
　seine Schwestern
　seiner Schwestern
　seinen Schwestern
　seine Schwestern

7) あなたの／あなた方の本
　Ihr Buch
　Ihres Buch[e]s
　Ihrem Buch[e]
　Ihr Buch
　Ihre Bücher
　Ihrer Bücher
　Ihren Büchern
　Ihre Bücher

8) あなた方の（君たちの）トランク
　euer Koffer
　eu[e]res[1] Koffers
　eu[e]rem Koffer
　eu[e]ren Koffer
　eu[e]re Koffer
　eu[e]rer Koffer
　eu[e]ren Koffern
　eu[e]re Koffer

9) あなたの（君の）兄弟
　dein Bruder
　deines Bruders
　deinem Bruder
　deinen Bruder
　deine Brüder
　deiner Brüder
　deinen Brüdern
　deine Brüder

1) [ ]の意味は123ページの4) で説明しています．

　日本語の第2人称は親しい間柄でも「あなた」と呼びかけることがあります．また，「君」というのは一般的には男性が親しい間柄で使う呼びかけで

しょう．日本語では，親しい間柄ではぞんざいな「おまえ」のような呼びかけがゆるされていますが，du／ihrをきまって「おまえ／おまえたち」と訳するのはかならずしも適当ではありません．

　unserとeuerの最後の2文字が-erなので，この部分がder の-erに相応すると誤って思い込んで，省いたりしないように．しかし，uns*e*res／eu*e*resやuns*e*rer／eu*e*rerやuns*e*ren／eu*e*renのように -r- の前後に e が来る場合は，どちらか一方の e は省いてもかまいません．もっとも，unsere／euereの場合は -r- の後の e を省いては語尾がなくなってしまうので，unsre／eureのように -r- の前の e を省くほかないのですが．

　名詞に不定冠詞をかぶせる場合はちょっと複雑です．というのは，「冠詞類」をかぶせた場合，8個の形が出来るはずですが，不定冠詞に複数形はありません．複数形の名詞には何をかぶせればよいのでしょうか．複数形用の定冠詞？いいえ．それは定冠詞と不定冠詞の混用で，誤りです．「一羽の鳥」の複数形は「冠詞類」を何もかぶせない，**無冠詞の複数形**が正しいのです．そして無冠詞の複数形にはちゃんと意味があって，それは「何羽かの鳥」（英語の some／any birds）という意味です．

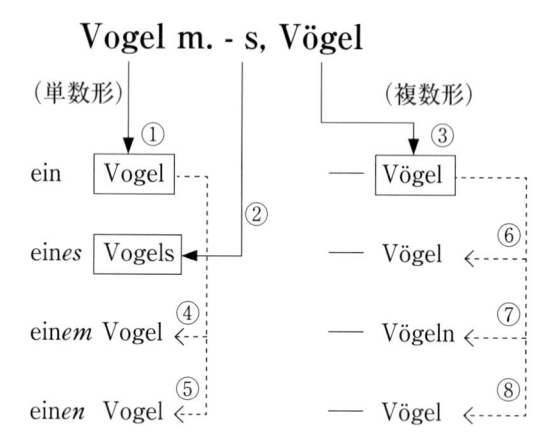

Vogel m. - s, Vögel

（単数形）　　　　　　　　　　（複数形）

ein　　Vogel　①　　　　　　── Vögel　③

ein*es* Vogels　②　　　　　　── Vögel　⑥

ein*em* Vogel　④　　　　　　── Vögeln　⑦

ein*en* Vogel　⑤　　　　　　── Vögel　⑧

3. タイプ②の実例：mein「私の」

《練習2》
　次の名詞に不定冠詞をかぶせて格変化させてみましょう．また，単数の場合の意味と複数の場合の意味をそれぞれ書いてください．

1)　Blume　　　　2)　Stern　　　　3)　Auto

```
----------  ----------      ----------  ----------      ----------  ----------
----------  ----------      ----------  ----------      ----------  ----------
----------  ----------      ----------  ----------      ----------  ----------
(             )             (             )             (             )
----------  ----------      ----------  ----------      ----------  ----------
----------  ----------      ----------  ----------      ----------  ----------
----------  ----------      ----------  ----------      ----------  ----------
(             )             (             )             (             )
```

【解答2】

1)　eine Blume	2)　ein Stern	3)　ein Auto
einer Blume	eines Stern[e]s	eines Autos
einer Blume	einem Stern[e]	einem Auto
eine Blume	einen Stern	ein Auto
（一本の花）	（一つの星）	（一台の自動車）
Blumen	Sterne	Autos
Blumen	Sterne	Autos
Blumen	Sternen	Autos
Blumen	Sterne	Autos
（何本かの花）	（いくつかの星）	（何台かの自動車）

第IX章　「冠詞類」のバラエティ

「冠詞類」一覧表

1) 左の表も右の表も4段ずつ区切ってありますが，それぞれの区切りは上から男性名詞用，女性名詞用，中性名詞用，複数名詞用を意味し，各段は1格から4格までの形を示しています．

2) 右の表では■が目立ちますが，この部分に語尾が付かないことを強調するためにわざと入れました．■が入っている箇所は，言葉で言い表すと，「男性1格，中性1・4格」です．そう口に出して言って覚えてください．

タイプ①の「冠詞類」

der	dieser	jener	solcher	jeder	aller	mancher	welcher
des	dieses	jenes	solches	jedes	alles	manches	welches
dem	diesem	jenem	solchem	jedem	allem	manchem	welchem
den	diesen	jenen	solchen	jeden	allen	manchen	welchen

die	diese	jene	solche	jede	alle	manche	welche
der	dieser	jener	solcher	jeder	aller	mancher	welcher
der	dieser	jener	solcher	jeder	aller	mancher	welcher
die	diese	jene	solche	jede	alle	manche	welche

das	dieses	jenes	solches	jedes	alles	manches	welches
des	dieses	jenes	solches	jedes	alles	manches	welches
dem	diesem	jenem	solchem	jedem	allem	manchem	welchem
das	dieses	jenes	soches	jedes	alles	manches	welches

die	diese	jene	solche	—	alle	manche	welche
der	dieser	jener	solcher	—	aller	mancher	welcher
den	diesen	jenen	solchen	—	allen	manchen	welchen
die	diese	jene	solche	—	alle	manche	welche

3. タイプ②の実例：mein「私の」

3) 右の表にも左の表にもダッシュ（―）を引いたところがあります．変化形を作ることができないという意味です．
4) [ ]で囲んだ e は実際に発音するときしばしば省かれてしまいます．そのとき，e の前の s の発音は濁音［z］のままです．

タイプ②の「冠詞類」

mein■	dein■	sein■	unser■	euer■	Ihr■	kein■	ein■
meines	deines	seines	uns[e]res	eu[e]res	Ihres	keines	eines
meinem	deinem	seinem	uns[e]rem	eu[e]rem	Ihrem	keinem	einem
meinen	deinen	seinen	uns[e]ren	eu[e]ren	Ihren	keinen	einen

meine	deine	seine	uns[e]re	eu[e]re	Ihre	keine	eine
meiner	deiner	seiner	uns[e]rer	eu[e]rer	Ihrer	keiner	einer
meiner	deiner	seiner	uns[e]rer	eu[e]rer	Ihrer	keiner	einer
meine	deine	seine	uns[e]re	eu[e]re	Ihre	keine	eine

mein■	dein■	sein■	unser■	euer■	Ihr■	kein■	ein■
meines	deines	seines	uns[e]res	eu[e]res	Ihres	keines	eines
meinem	deinem	seinem	uns[e]rem	eu[e]rem	Ihrem	keinem	einem
mein■	dein■	sein■	unser■	euer■	Ihr■	kein■	ein■

meine	deine	seine	uns[e]re	eu[e]re	Ihre	keine	―
meiner	deiner	seiner	uns[e]rer	eu[e]rer	Ihrer	keiner	―
meinen	deinen	seinen	uns[e]ren	eu[e]ren	Ihren	keinen	―
meine	deine	seine	uns[e]re	eu[e]re	Ihre	keine	―

季　節
(すべて男性名詞です)　　　　　　　　　　Track ⑰

春	Frühling [ˈfryːlɪŋ]
夏	Sommer [ˈzɔmɐ]
秋	Herbst [hɛrpst]
冬	Winter [ˈvɪntɐ]

方　位
(すべて男性名詞です)

東	Osten [ˈɔstən]
西	Westen [ˈvɛstən]
南	Süden [ˈzyːdən]
北	Norden [ˈnɔrdən]

東に　im Osten

　　太陽は東から昇る.
　　Die Sonne geht im Osten auf.[1)]

西に　im Westen

　　太陽は西に沈む.
　　Die Sonne geht im Westen unter.[1)]

南へ　nach Süden

　　ツバメが南へ飛んでゆく.
　　Schwalben fliegen nach Süden.

北へ　nach Norden

　　雁が北へ飛んでゆく.
　　Wildgänse fliegen nach Norden.

1) 不定詞は aufgehen*/untergehen* です．152ページ以下に説明があります．

第 X 章
動詞の例外的な手続き

　これまで，動詞についてごく基本的な事柄に限定してお話しするよう心がけてきました．これは，何よりもまずドイツ語のシステムの根本原理をのみ込んでいただくことを優先した結果です．

　ですから，読者が習われたのは規則動詞の現在人称変化ならびに不規則動詞 sein* と haben* の現在人称変化だけでした．

　しかし，規則動詞の現在人称変化にも細かな例外があります．また，不規則動詞の多くは日常生活でしきりに使われますので，すでに入門段階から扱わざるを得ません．

　本章はこの二つの問題に対処するために設けました．

第Ｘ章　動詞の例外的な手続き

1. 手続きの例外について

　ドイツ語文法のシステムをできるだけ簡素に御紹介して，読者がドイツ語文法に入門されるときのわずらわしさをなるべく少なくしたいと願っている著者にとってはなはだ不本意なことなのですが，規則変化動詞にさえ小さな例外があるということを正直にお話ししなければなりません．

　一般に，言語の規則に小さな例外がいろいろと残っているということは，その言語が人工的な産物ではなくて生き物であることの証しであり，また長い歴史をもっていることの証拠でもあるのですが，ドイツ語はまさにそのような言語の一つなのです．

　そこで，小さな例外がいろいろと残っている言語であるドイツ語を相手にされる読者に，著者としては**例外に対する次のような対抗策**をおすすめしたいと思います．

　それは，まずはシステムの基本だけをマスターしておいて，小さな例外は後日必要に迫られたときにはじめて腰を据えて向かいあうという対処の仕方です．これならば，あまりストレスをためないで先へ進むことができます．ただ，規則動詞にさえ小さな例外があるということだけは記憶にとどめておいていただかなければなりません．

　さて，以下は後日必要に迫られたときにはじめて本腰を入れて読んでいただきたい，規則動詞に関する小さな例外です．

　もっとも，辞書によっては規則動詞に関する小さな例外も動詞変化表に書き出している場合がありますので，読者は自分の辞書の動詞変化表をしらべてみてください．

2. 不定詞が -n で終っている動詞に関する例外

Track ⑱

　システムでは，2段階の手続きのうち①は不定詞から末尾の二文字 -en を取り去るとしていますが，tu*n*「する」（英語のdo）や lächel*n*「ほほえむ」や wander*n*「徒歩旅行をする」のように不定詞が -n で終っている動詞は，「末尾の二文字を取り去る」のではなくて，「末尾の一文字を取り去る」

2. 不定詞が -n で終っている動詞に関する例外

と読み替えます．そして，第１人称複数と第３人称複数の語尾には -en ではなくて -n を付けます（つまり不定詞にあわせます）．

不定詞末尾の -n の前にさらに -el-/-er- が並んでいる場合は，第１人称単数の定形の語幹の -l-/-n- の前に含まれている -e- を口調のために省くのがふつうです．

この二つの動詞を自分で筆をとって人称変化させてみましょう．

不定詞 lächeln「ほほえむ」　　　　　不定詞 wandern「徒歩旅行をする」

ich läch*e*le	→	lächle	ich wander*e*	→	wandre
du lächelst			du wanderst		
er/sie/es lächelt			er/sie/es wandert		
wir lächel*e*n	→	lächeln	wir wander*e*n	→	wandern
ihr lächelt			ihr wandert		
sie (Sie) lächel*e*n	→	lächeln	sie wander*e*n	→	wandern

ほかにこの例外に属する動詞には，たとえば handeln「行動する」, wandeln「ぶらつく」, weigern「拒む」, klingeln「呼び鈴が鳴る」, sammeln「集める」, wechseln「替える」, ändern「変える」, などがあります．

不定詞が -eln/-ern で終っている動詞にはどこまでもこの e の省略がつきまとい，230～31ページにも登場します．

3. duの定形の作り方に関する例外

　また，2段階の手続きのうち②で第2人称単数では語尾に-stを付けるという規則ですが，reisen「旅行する」のように語幹が -s で終わっている動詞は語尾 -t を付けます．語尾 -t を付けるのは本来第3人称単数の定形を作るための規則ですから，第2人称単数で語尾に -t を付けますと第2人称単数の定形と第3人称単数の定形，それに第2人称複数の定形の三つが一致することになります．それではreisenとküssen「キスをする」を人称変化させてみましょう．

不定詞　reisen「旅行する」　　　　不定詞　küssen「キスをする」

ich reise　　　　　　　　　　　ich küsse
du reist　　　　　　　　　　　du küsst
er/sie/es reist　　　　　　　　　er/sie/es küsst
wir reisen　　　　　　　　　　wir küssen
ihr reist　　　　　　　　　　　ihr küsst
sie (Sie) reisen　　　　　　　　sie (Sie) küssen

　この例外は，不定詞の語幹が -s で終わっている動詞ばかりでなく，いくつかの類似の音で終わっている動詞のすべてにあてはまります．くわしくは

次のとおりです．

「**不定詞の語幹が -s, -ss, -ß, -tz, -x, -z などで終わっている場合，語尾は -st ではなくて -t を足します**」．

たとえば，fassen「つかむ」，hassen「憎む」，grüßen「或る人に挨拶する」，heißen「～という名前である」，reißen「引き裂く」，setzen「座らせる」，sitzen「座っている」，boxen「ボクシングをする」，tanzen「ダンスをする」など．

4. du, er/sie/es および ihr の定形の作り方に関する例外

２段階の手続きのうち②では，第２人称単数では語尾に -st を，第３人称単数および第２人称複数では語尾 -t を付けるとしていますが，finden「見つける」や arbeiten「働く」のように語幹が -d や -t で終わっている動詞は，語尾 -st や -t を付けると発音が困難になります．そこで，そのような場合は口調をよくするために母音 -e- を一つ加えた -est や -et の語尾をつけます．finden と arbeiten の人称変化を下に書いてください．

不定詞 finden*「見つける」　　　　不定詞 arbeiten「働く」

------------　------------------------　　　　------------　------------------------

------------　------------------------　　　　------------　------------------------

------------　------------------------　　　　------------　------------------------

------------　------------------------　　　　------------　------------------------

------------　------------------------　　　　------------　------------------------

------------　------------------------　　　　------------　------------------------

第Ⅹ章　動詞の例外的な手続き

<table>
<tr><td>ich finde</td><td>ich arbeite</td></tr>
<tr><td>du find*est*</td><td>du arbeit*est*</td></tr>
<tr><td>er/sie/es find*et*</td><td>er/sie/es arbeit*et*</td></tr>
<tr><td>wir finden</td><td>wir arbeiten</td></tr>
<tr><td>ihr find*et*</td><td>ihr arbeit*et*</td></tr>
<tr><td>sie (Sie) finden</td><td>sie (Sie) arbeiten</td></tr>
</table>

　この例外はくわしく述べますと次のようです．
　「不定詞の語幹が -d, -t, -chn, -ckn, -fn, -gn, -tmで終わっている場合，第２人称単数の語尾は-stの代わりに-estを足します．また第３人称単数および第２人称複数の語尾は -t ではなくて-etを足します」．
　たとえば，baden「入浴する」, antworten「答える」, retten「救う」, rechnen「計算する」, öffnen「開ける」, segnen「祝福する」, atmen「息をする」など．
　この規則にすら例外がありますから驚きます．たとえば，fechten*という動詞は不定詞の語幹が -t で終わっていますが，duの定形はfichtst, er/sie/esの定形はfichtです．ただしihrの定形はfechtetとなります．次項を参照してください．

5. 不規則な変化をする動詞

　ここまでに述べてきた小さな例外的な変化をする場合も含めて，２段階の手続きさえ踏めば人称変化が成立する動詞は，規則動詞として扱われています．そのほかに**不規則な変化をする動詞**があります．
　不規則な変化をする動詞の見分け方は，辞書を引くことです．活用形を引くと不定詞の形がわかります．それに**不定詞の右肩にアステリスク（*）を付けています**（本書もこれにならっています）．
　どういう点が不規則なのか見ていきましょう．
　fahren*「（車・船などに）乗って行く」は下のように現在人称変化をします．

<table>
<tr><td>ich fahre</td><td>wir fahren</td></tr>
<tr><td>du f*ä*hrst</td><td>ihr fahrt</td></tr>
</table>

5. 不規則な変化をする動詞

    er/sie/es f*ä*hrt   sie (Sie) fahren

 duの定形の語幹の母音とer/sie/esの定形の語幹の母音が a から ä に変わっています（ただし，ihrの定形では変りません：ihr fahrt）．
 sprechen*「話す」は下のように人称変化をします．

    ich spreche   wir sprechen
    du spr*i*chst   ihr sprecht
    er/sie/es spr*i*cht sie (Sie) sprechen

 ここでも du の定形の語幹の母音と er/sie/es の定形の語幹の母音が e から i に変わっています（ただし，ihr の定形では変りません：ihr sprecht）．
 左で出てきた動詞 fechten*「フェンシングをする」も sprechen* と同じ人称変化をします．

    ich fechte   wir fechten
    du f*i*chtst   ihr fechtet
    er/sie/es f*i*cht sie (Sie) fechten

 ihrの定形に御注目ください．定形の語幹の母音は変音せず e のままです．
 これらの例を見られると，不規則な変化をする動詞とは現在人称変化で必ず du の定形と er/sie/es の定形の幹母音が変音するものと考えられそうですが，そうではありません．denken*「考える」の現在人称変化は下のとおりです．

    ich denke   wir denken
    du denkst   ihr denkt
    er/sie/es denkt sie (Sie) denken

 これを見るかぎり規則変化と何ら違いはないのですが，過去形基本形と過去分詞形を作るときに幹母音が変わりますので，やはり不規則動詞なのです．不定詞の右肩にアステリスク（*）が付いている場合は，必ずどこかが不規則であると考えなければなりません．
 wissen*「知っている」の人称変化は下のとおりです．

    ich weiß   wir wissen
    du weißt   ihr wisst
    er/sie/es weiß sie (Sie) wissen

 duの定形とer/sie/esの定形だけでなく，ichの定形も不規則な変化をしています．つまり単数用の形はすべて不規則な変化をしています．

第X章　動詞の例外的な手続き

　不規則な変化をするのが幹母音の部分だけだと思い込むのも誤りのもとです．halten*「つかんでいる」では語幹と語尾が融合してしまっています．

ich halte	wir halten
du hältst	ihr haltet
[hɛltst]	
er/sie/es hält	sie (Sie) halten
[hɛlt]	

　これらの不規則な変化をする動詞の変化はすべて辞書に記載されていますから，変化をおぼえてしまうまでは一々辞書で調べることです．**不規則な変化をする動詞だけを集めた表がたいていの辞書では巻末に付けてあります．**その表の「直説法現在」という欄を見ると不規則な変化の定形が挙げてあります．辞書によっては不規則な変化をした定形だけでなく，規則変化と同形となる定形も含めて6個の定形をすべて記載しています．また，辞書によっては，不規則な変化をする動詞のうち主なものの現在人称変化を本文の見出し語のあとにも記しています．

　いずれにせよ，不規則な変化をする動詞は辞書を見れば変化を知ることができます．ですから，「小さな例外は後日必要に迫られたときにはじめておぼえ直す」方針をここでも適用して，不規則な変化をする動詞をおぼえてしまうまでは何度でも辞書を見ることをおすすめします．

《練習》
　辞書を参照して次の動詞の意味と現在人称変化を書きなさい．
　1)　brechen* (　　　　　　)　　2)　essen* (　　　　　　　　)

5. 不規則な変化をする動詞

3) lesen* (　　　　　　)

4) nehmen* (　　　　　　)

5) raten* (　　　　　　)

6) schlagen* (　　　　　　)

【解答】

1) 折る
ich breche
du brichst
er/sie/es bricht
wir brechen
ihr brecht
sie(Sie) brechen

2) 食べる
ich esse
du isst
er/sie/es isst
wir essen
ihr esst
sie(Sie) essen

3) 読む
ich lese
du liest
er/sie/es liest
wir lesen
ihr lest
sie(Sie) lesen

4) 取る
ich nehme
du nimmst
er/sie/es nimmt
wir nehmen
ihr nehmt
sie(Sie) nehmen

5) 忠告する
ich rate
du rätst
er/sie/es rät
wir raten
ihr ratet
sie(Sie) raten

6) 打つ
ich schlage
du schlägst
er/sie/es schlägt
wir schlagen
ihr schlagt
sie(Sie) schlagen

第 XI 章

いくつかの重要な区別

　本章では，ドイツ語のシステムを理解していくうえでとくに重要だと思われる区別について解説します．

　これらの区別は，とりたてて強調されないと，うっかり見過ごしてしまいそうな区別なのですが，ドイツ語のなかにしっかりと根をおろしている区別ですので，いろいろな文法の規則に関わっています．ですから，これらの区別をきちんと知っておくと，規則の由来がよく分かり，規則を理解するのに役立ちます．

第 XI 章　いくつかの重要な区別

1. 自動詞と他動詞の区別　　　Track⑲

　「自動詞」とは目的語が必要でない動詞，「他動詞」とは目的語が必要な動詞だと考えていませんか．もしそうだとしたら，その区別の仕方はドイツ語を学ぶ際に役に立ちません．というのは，ドイツ語では自動詞に分類されていても目的語を必要とする動詞があるからです．

　ドイツ語では，「4格の目的語を必要とする動詞」だけが他動詞と呼ばれ，それ以外の動詞は自動詞に分類されます．たとえば，helfen「或る人を助ける」は意味からして助けてもらう人つまり目的語が必要なのは明らかですが，しかし「自動詞」です．辞書を引いてみましょう．

helfen* i. (h) jm. ～

　見出し語の右肩に付けられたアステリスク (*) はこの動詞が不規則な変化をする動詞であることを意味しているのでした．また，見出し語の次の (i.) は，Intransitiv[ɪntranzɪˈtiːf]「自動詞」の略号です．(h) の説明はいまは省きます（166ページで説明します）．jm. ～は jemandem helfen と読み，目的語に「人の3格」が必要であることを教えています．辞書によっては「人³」と書いてあります．「私は母を手伝います」は下のようにいいます．

Ich helfe der Mutter.

　3格の目的語があるとしたら，2格の目的語もあるでしょうか．
　あります．これまで2格は所有を表す格であると説明してきましたが，それは事実の半面だけでした．残りの半面は，2格が目的語になるということです．例をあげましょう．

gedenken* i. (h) js. (eines Dinges)～

　js. (eines Dinges)～は jemandes gedenken と eines Dinges gedenken を重ね合わせて書いた形であって，ほんとうは別々に読まなければなりません．そして，目的語が「人の2格」の場合と目的語が「事物の2格」の場合があることを教えています．辞書によっては「(人・事)²」と書いてあります．それは「或人のこと（或事）を思い出す」という意味です．

　1格の目的語というものはあるでしょうか．それはありません．「その男

1. 自動詞と他動詞の区別

性は先生です」という文がありました.

Der Mann ist Lehrer.

　この文の主語はder Mannです. Lehrerが1格であることは確かですが, 目的語ではありません. 目的語とは「動詞が表す行為の対象となるもの」という意味ですから, 行為の対象になった以上, 行為の影響を被って状態が変わります. Ich trinke Kaffee.「私はコーヒーを飲む」では, 目的語の「コーヒー」は「飲む」という行為の影響を被って胃袋に収まり, もはやコーヒーカップのなかにあった「コーヒ」ではなくなります. Ich kenne den Mann.「私はその男性を知っています」の例で言えば, その男性はkennen「知っている」という行為の影響を被って「未知の存在」から「既知の存在」へと変わりますので, 男性のうわべには何の変化も認められなくても, 主語の私にとって意味が変わっています. これもやはり状態の変化です. Ich helfe der Mutter.「私は母に手をかす」では目的語の「母」は「手をかす」という行為の影響を被って「まだ手をかしてもらっていない」状態から「手をかされた」状態へと変化します. しかし, 上の文の述語動詞であるistは「～である」という意味であって, 行為をあらわしていません. ですからLehrerがistの影響を被って状態が変わることは考えられません. したがってLehrerは目的語ではありません. それは等置1格（同定1格）です.

　ここでドイツ語の人称代名詞を紹介しましょう.

		1人称	2人称	3人称		
単数	1格	ich	du	er	sie	es
	2格	meiner	deiner	seiner	ihrer	seiner
	3格	mir	dir	ihm	ihr	ihm
	4格	mich	dich	ihn	sie	es
複数	1格	wir	ihr	sie	(Sie)	
	2格	unser	euer	ihrer	(Ihrer)	
	3格	uns	euch	ihnen	(Ihnen)	
	4格	uns	euch	sie	(Sie)	

第XI章　いくつかの重要な区別

《練習》
日本語をヒントにして（　）のなかに人称代名詞の適当な形をいれなさい．
1)　Ich helfe (　　　　　)．（彼女）
2)　Ich danke (　　　　　)．（あなた：敬称）
3)　Wir lieben (　　　　　)．（彼）
4)　Sie gedenkt (　　　　　)．（彼）
5)　Gedenkst du immer (　　　　　)？（彼女）
6)　Ich treffe (　　　　　) um 3 Uhr am Bahnhof．（彼女）（3: drei）
7)　Verstehen Sie (　　　　　)？（私）Ja, ich verstehe (　　　　　)．（あなた：親称）
8)　Ich frage (　　　　　) nach (　　　　　) Namen．（彼女，彼女の）

【解答】1)　ihr　　2)　Ihnen　　3)　ihn　　4)　seiner　　5)　ihrer
　　　　6)　sie　　7)　mich, dich　　8)　sie, ihrem．

8) でNamenがnで終わっていることに疑問を抱かれた読者は下記を参照してください．すでに紹介した男性弱変化名詞の例外とでもいうべき例外的な変化です．単数2格に語尾が -n のほかに -s まで付いているのです．

Herz「心臓」もこれと似た，しかし一段と不規則な変化をします（das Herz, des Herzens, dem Herzen, das Herz; die Herzen, der Herzen, den Herzen, die Herzen）．

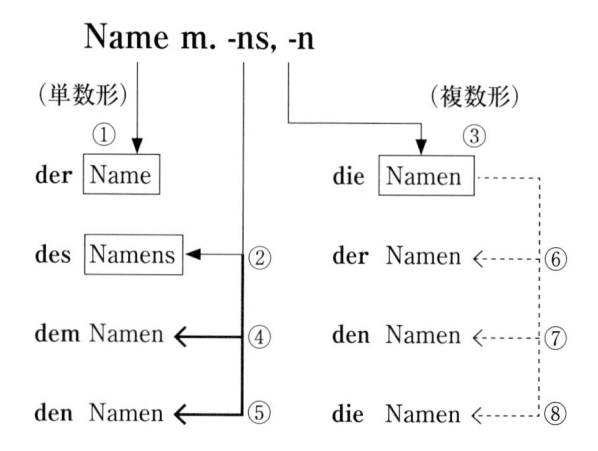

Name m. -ns, -n

（単数形）		（複数形）	
der Name	①	die Namen	③
des Namens	②	der Namen	⑥
dem Namen	④	den Namen	⑦
den Namen	⑤	die Namen	⑧

2. 前置詞格目的語と空間前置詞句の区別

　目的語と言えば，4格目的語と3格目的語と2格目的語だけだと思いがちですが，そうではありません．もう一つ目的語があります．それが**前置詞格目的語**です．

　すでに一度101ページで出てきましたが　　　　　　　　　　　Track⑳

Ich denke an meine Familie.

の述語動詞はdenkenです．「私は家族のことを考えます」という文の意味からしてFamilie「家族」は述語動詞denkenの目的語であることが分かりますが，前置詞anを介してつながっているところに4格目的語や3格目的語や2格目的語とちがった外形上の特色があります．しかし，機能的には，目的語としてのはたらきをしていることに違いありませんので，この目的語を前置詞格目的語と呼びます．

　an jn. (et.) denkenは自動詞が目的語をともなっている例ですが，denkenとanの結びつきはいわゆる「熟語」になっています．すなわち，このdenkenは前置詞anとしか結びつくことができません．また前置詞anだけを取り出して訳をすることができません．anはもっぱら動詞denkenと目的語を結びつけるはたらきをしているのです．そこで，前置詞格目的語をとる動詞を書き出す場合は，前置詞をいっしょに書き出しておかなければなりません．そして，その前置詞のあとにくる名詞あるいは代名詞が何格にならなければならないかも忘れずに書き出しておきます．

　前置詞のあとにくる名詞あるいは代名詞が何格にならなければならないかは，前置詞ごとに決まっています．これを**前置詞の格支配**といいます．an jn. (et.) denkenの場合，anは4格を支配しています．

　ところで，下の文はどういう意味でしょうか．

Ich hänge ein Bild an die Wand.

　Bildは「絵」です．hängenは「掛ける」，an die Wandが「壁へ」ですから，全体で「私は1枚の絵を壁に掛ける」という意味です．「掛ける」のは「絵」ですから，ein Bildがhängenの目的語であるのは間違いありませんが，an die Wandは何でしょうか．「掛ける」という行為が向けられる方向

を示していますから，これは前置詞格目的語ではなくて，空間に関する副詞的前置詞句です．前置詞格目的語は辞書をみれば分かります．たとえば denken* を引きますと，denken* の見出しの下に「an jn. (et.)～」として載っています．しかし，副詞的前置詞句は特に hängen* とだけ意味的に密接なつながりがあるわけではありません．

《練習1》
次のドイツ語を日本語になおしなさい．また，前置詞格目的語はどれですか．
1) Die Frau achtet auf ihr Kind.

2) Der Junge klettert auf den Baum.

3) Wir warten auf den Bus.

【解答1】 1) その女性は彼女の子供に注意を払う．　2) 少年は木によじ登る．　3) 私たちはバスを待つ．前置詞格目的語は auf ihr Kind と auf den Bus．

1個の動詞が4格目的語と前置詞格目的語の2個を必要とする場合があります．

たとえば，「私はその男性に道を尋ねます」という文では「尋ねる」という行為は「尋ねる事柄」である「道」のほかに「尋ねる相手」である「その男の人」がなければ成り立たないからです．

辞書はこのことを下のように記載しています．

$$[jn.]\ nach\ et.^3\ fragen$$

jn. は jemanden と読んで「人の4格」を意味します．[ ]はこの目的語が省略される場合もあることを示しています．nach et.³ は「尋ねる事柄」が nach という前置詞格目的語で表されることを示しています．et. は etwas と読み，「物の3格」を意味します．

この記載はそのほかに，不定詞 fragen のすぐ左どなりには「尋ねる事柄」

が位置し，「尋ねる相手」はそれのさらに左どなりに位置することも教えています．これは例のドイツ語の配語順の原理にかなった順序であると言えるでしょう．すなわち，fragen のすぐ左どなりには意味的にいちばん関わりが深い「尋ねる事柄」が位置し，それよりは意味的な関わりが深くないと言える「尋ねる相手」はそれのさらに左どなりに位置することになるからです．

そこで，この場合の不定詞句は

den Mann nach dem Weg fragen

となります．

これと主語となる「私」とを結びつけますと文ができます．

（ich） den Mann nach dem Weg fragen

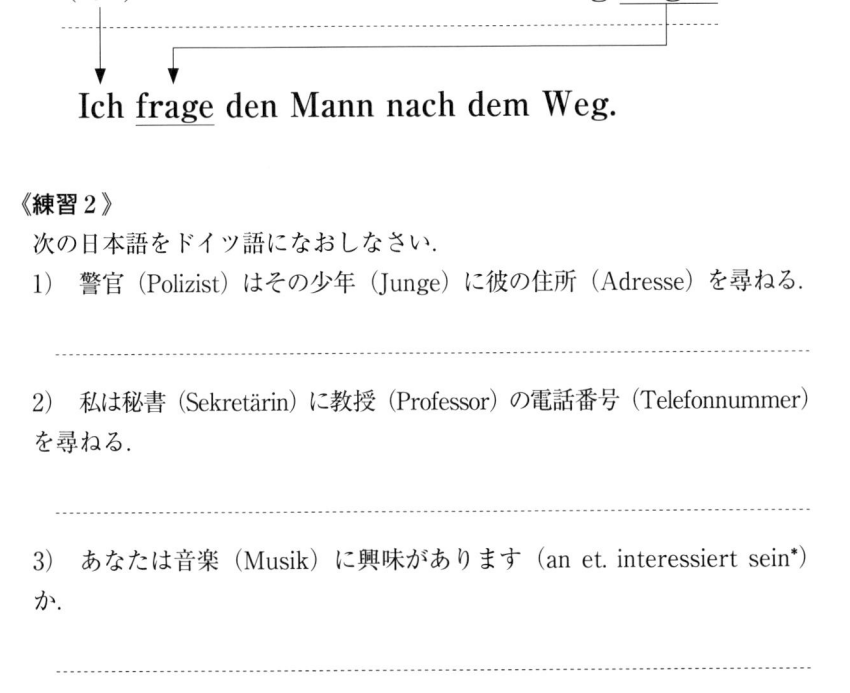

Ich frage den Mann nach dem Weg.

《練習2》

次の日本語をドイツ語になおしなさい．

1) 警官（Polizist）はその少年（Junge）に彼の住所（Adresse）を尋ねる．

2) 私は秘書（Sekretärin）に教授（Professor）の電話番号（Telefonnummer）を尋ねる．

3) あなたは音楽（Musik）に興味があります（an et. interessiert sein*）か．

4) あなたは自分の仕事（Arbeit）が終わりました（mit et. fertig sein*）か．

第XI章　いくつかの重要な区別

【解答2】1)　Der Polizist fragt den Jungen nach seiner Adresse.
2)　Ich frage die Sekretärin nach der Telefonnummer des Professors.
3)　Sind Sie an Musik interessiert?　4)　Sind Sie mit Ihrer Arbeit fertig?

3．3格と4格の区別　　　　　　　　　　　Track㉑

　ドイツ語の前置詞のうちで頻繁に使われるうえ，使い方をのみ込んでいないと他の事柄をマスターするのにも影響が出てくるのは「3・4格支配の前置詞」です．この前置詞は数が9個です．まずこの数をおぼえてください．

an, auf, hinter, in, neben, über, unter, vor, zwischen

　意味は一つ一つゆっくりとおぼえてゆけばよいのです．でも，どんなときに3格とともに使い，どんなときに4格とともに使うかの区別は今はっきりとおぼえましょう．
　上に並べた9個の前置詞の最初のanは「垂直面に接した，あるいは接近した位置」を意味する前置詞ですが，anのあとに3格が来る場合と4格が来る場合とで「その位置にある」か「その位置へ向かう」かの違いが表されます．

Ein Bild hängt an der Wand.

　という例文を見てください．ein Bild「一枚の絵が」，hängt「掛かっている」と主語と述語が続き，そのあとにan der Wnad「壁に」という「空間を指示する前置詞句」が続いています．そしてこの前置詞句が「絵が掛けてある場所」がどこであるかを教えています．「掛けてある」という句は「絵」が壁という所定の場所に収まっていてその場所から移動しないことを暗示していますが，その**「所定の場所に収まっている」**感じをあらわすのはドイツ語ではanと3格の結びつきなのです．
　もし「私」が今手に持っている絵を壁に掛けるとしますと，そのことをドイツ語では

3. 3格と4格の区別

Ich hänge das Bild an die Wand.

といいます．この場合のhängenは他動詞です．目的語のdas Bildが4格になっていますから，「絵」はいま「私」の手に捧げ持たれた状態で「壁」へと向かいます．この「壁へと向かう」という句のなかに「絵」が「**所定の目標へ向かって移動して行く**」感じが表されていますが，ドイツ語ではその感じを表しているのがanと4格の結びつきなのです．

こういった**感じの違いを表すのが3格と4格の違い**です．ドイツ語のネイティブはこの違いにとても敏感です．外国語としてドイツ語を習う私たちは3格と4格の違いにせいいっぱい神経を配りたいものです．

9個の3・4格支配の前置詞のどれについてもいま述べた二つの区別—3格なら「所定の場所に収まっている」感じを表し，4格なら「所定の目標へ向かって移動して行く」感じを表す—があります．もう一つ例を挙げましょう．

上に並べた9個の前置詞のうち二つ目のaufは「水平面に接した，あるいは接近した位置」を意味する前置詞ですが，「新聞はテーブルの上にある」は

Die Zeitung liegt auf dem Tisch.
[liːkt]

といいます．

ここで発音に関して思い出してください．liegtにふくまれるgを，単語の末尾に来ていないにもかかわらず[k]と発音しているのは，gのあとにもはや母音字がないので，語末に来たのとおなじ扱いになっているからでした．

さて，die Zeitung「新聞は」，liegt「横たわっている」と主語と述語が続き，そのあとにauf dem Tisch「テーブルに」という「空間を指示する前置詞句」が続いています．そしてこの前置詞句が「新聞が横たわっている場所」がどこであるかを教えています．「横たわっている」という句は「新聞」がテーブルという所定の場所に収まっていてその場所から出ないことを暗示していますが，その「**所定の場所に収まっている**」感じをあらわしているのがドイツ語の場合aufと3格の結びつきなのです．

もし「私」が今手に持っている新聞をテーブルの上に置くとしますと，そ

第XI章　いくつかの重要な区別

のことをドイツ語では

Ich lege die Zeitung auf den Tisch.

といいます．この場合のlegenは他動詞です．目的語のdie Zeitungは4格です．「新聞」はいま「私」の手に持たれた状態で「テーブル」へと向かいます．この「テーブルへと向かう」という表現のなかに「新聞」が「所定の目標へ向かって移動して行く」感じが表されていますが，その感じをドイツ語であらわしているのがaufと4格の結びつきなのです．

《練習》
次の日本語をドイツ語になおしなさい．
1)　先生はその本を本箱（Bücherschrank）に（in）立てる（stellen）．

2)　ボーイ（Kellner）は皿（Teller, pl.）をテーブル（Tisch）に（auf）並べる（stellen）．

3)　ウエートレス（Kellnerin）はティーカップ（Tasse）を皿のとなりへ（neben）置く（stellen）．

— 144 —

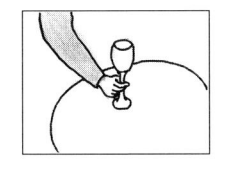

4)　私はそのグラス（Glas）をテーブルへ（auf）置く（stellen）.

5)　新聞はテーブルの上にありません.

【解答】 1)　Der Lehrer stellt das Buch in den Bücherschrank.　2)　Der Kellner stellt die Teller auf den Tisch.　3)　Die Kellnerin stellt die Tasse neben den Teller.　4)　Ich stelle das Glas auf den Tisch.　5)　Die Zeitung liegt nicht auf dem Tisch.

4.「座っている」と「座る」の区別　Track㉒

　読者は日本語の「座っている」と「座る」がそれぞれ違う行為を意味していることを意識しておられるでしょうか．この二つは互いに似ていますが別物です．「座っている」は状態をあらわしていますし，「座る」は動作をあらわしています．「座っている」は継続的な行為ですし，「座る」は瞬間的な行為です．「座る」ためにはまず立っていなければなりません．立っているからこそ腰を下ろすことができます．「座る」という動作が完了した瞬間から「座っている」という状態がはじまると言ってもよいでしょう．しかし，そのほかにまだ違いがあります．それは，**「座っている」**という行為は**「静止場所」**に結びついているが，**「座る」**という行為は，「○○へ腰を下ろす」という言い換えからも分かるように，**「移動方向」と結びついている**という違いです．そして，ドイツ語で重要なのは，この「静止場所」と「移動方向」の区別なのです．上で述べた3・4格支配の前置詞の使い分けでもこの区別が基になっていました．

　ここでちょっと注意していただきたいことがあります．それは，「～して

いる」と「〜する」の区別ができる動詞であっても，その区別がいつも「場所」と「方向」の区別に結びついているわけではないということです．たとえば，「眠っている」と「眠る」は「赤ん坊はよく眠っている」(「状態」) ／「赤ん坊は日に10時間は眠る」(「習慣」) として区別できますが，これは「静止場所」と「移動方向」を基準とした区別ではありません．

　ちなみに，ドイツ語には進行形がありません．現在形が現在進行形の意味もあらわします．ですから，「赤ん坊はよく眠っている」の述語動詞もドイツ語では

Das Baby *schläft* gut.

のように現在形ですし，「赤ん坊は日に10時間は眠る」の述語動詞もドイツ語では

Das Baby *schläft* 10 Stunden pro Tag.
　　　　　　　　　　　[tse:n]　　　　　[pro:]

のように現在形です．

　さて，ドイツ語では，「座っている」は

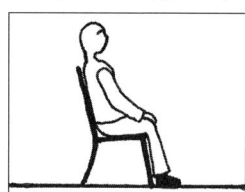

sitzen*

「座る」は

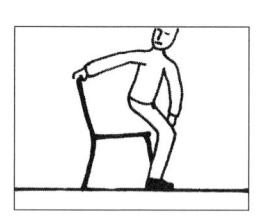

sich setzen

といいます．

　それぞれ変化させてみましょう．

　sitzen* は右肩にアステリスクが付いていますから不規則な変化をする動詞であることが分かりますので，辞書で調べて現在人称変化を書きましょう．

— 146 —

4.「座っている」と「座る」の区別

辞書の巻末の表を参照しますと次のような記載があります．

ich	sitze	wir	sitzen
du	sitz[es]t	ihr	sitzt
er/sie/es	sitzt	sie(Sie)	sitzen

　他方，sich setzen は**不定詞が 2 語で出来ている動詞**です．2 語で出来ているということは，これを不定詞句と考えてよいということです．
　この不定詞句に含まれているsichですが，sichは「自分自身」という意味の代名詞です．「自分自身」とは文の主語と同一人物という意味ですから，主語によって形が変わります．主語がichなら，「私自身」はmichといいます．主語がduなら，「あなた自身」はdichといいます．**主語が 3 人称なら，単数・複数に関係なく「自分自身」はsichとなります**．er/sie/esの区分に応じて形が変わることはありません．複数では，主語がwirなら，「私たち自身」はuns，主語がihrなら「あなたたち自身」はeuchとなります．2 人称の敬称は 3 人称の複数と同じです（137ページの人称代名詞の表を参照）．

第XI章　いくつかの重要な区別

sich setzenの人称変化を書いてみましょう．

ich	setze	mich		wir	setzen	uns
du	setzt	dich		ihr	setzt	euch
er/sie/es	setzt	sich		sie(Sie)	setzen	sich

「座っている」と「座る」の違いは3・4格支配の前置詞の使い分けと関係があります．「私は椅子に座っています」は，

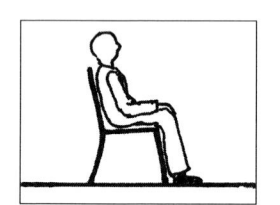

Ich sitze auf *dem* Stuhl.

ですが，「私は椅子に座ります」は

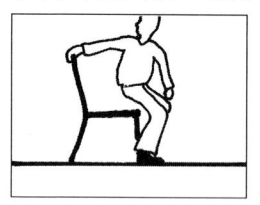

Ich setze mich auf *den* Stuhl.

です．Ich sitze <u>auf dem Stuhl</u>.のauf dem Stuhlは「私が座っている静止場所」をあらわしていますので，aufは3格を支配しています．ところが，Ich setze mich <u>auf den Stuhl</u>.のauf den Stuhlは「私が腰をおろす移動方向」をあらわしていますので，aufは4格を支配しています．

sich setzenを分解しますと，setzenは「或人を座らせる」という意味の

— 148 —

4.「座っている」と「座る」の区別

他動詞で,「自分自身」という意味を持つ代名詞sichが他動詞setzenの4格目的語になっています.そしてsich setzenは「自分自身を座らせる」という意味をあらわします.主語が「自分自身を座らせる」とは主語が「座る」のと同じ意味ですから,再帰動詞sich setzen は意味からして自動詞に匹敵することになります.

主語が自分自身を目的語として行う行為を表す動詞を**再帰動詞**と呼びます.sich setzenは再帰動詞です.また,再帰動詞の不可欠な部分であるsichのことを**再帰代名詞**と呼びます.

辞書では再帰動詞をrfl.や(再)などであらわします.rfl.はReflexiv [reflɛˈksiːf]の短縮形です.

ここで再帰動詞が辞書でどのように記載されているかを確かめておきましょう.sich setzenという見出しはありませんのでsetzenで引きます.すると,setzenの見出しの下にまず(Ⅰ)他動詞としてのsetzen「座らせる」が記載されていて,次に(Ⅱ)再帰動詞としてsich~という記載があります.

《練習1》

次の日本語をドイツ語になおしなさい.
1) 彼女はソファー(Sofa)に(auf)腰をおろす.

2) 彼はテーブルにむかって(an)座る.

3) 彼らはテーブルに着いている.

4) 私はベット(Bett)に(in)横たわる.

【解答1】 1) Sie setzt sich auf das / aufs Sofa. 2) Er setzt sich an den Tisch. 3) Sie sitzen an dem / am Tisch. 4) Ich lege mich in das / ins Bett.

第XI章　いくつかの重要な区別

前置詞と定冠詞の融合はauf + dasのほかにも起こります.

    an ＋ das → ans   auf ＋ das →aufs
    bei ＋ dem → beim durch ＋ das →durchs
    für ＋ das →fürs   in ＋ dem →im
    in ＋ das →ins   von ＋ dem →vom
    zu ＋ dem →zum   zu ＋ der →zur

ちなみに，前置詞が定冠詞以外の冠詞類と融合することはありません.

sichが4格の再帰動詞は意味的に自動詞でした. この「自動詞」が前置詞格目的語をとることはあり得るでしょうか.

答えは「あり得る」です. 例をあげましょう.

freuenを辞書で引きますと,（Ⅰ）として再帰動詞 sich freuen「喜ぶ」が記載されています. これは目的語をとらない完全な自動詞に匹敵します. しかし，おなじ（Ⅰ）の項目に再帰動詞が前置詞格目的語をとる場合が挙げられています.

sich über et.^{4} freuen

　　　「或事（過去又は現在の事）を喜ぶ」

sich an et.^{3} freuen

　　　「或事（眼前の事物）を楽しむ」

sich auf et.^{4} freuen

　　　「或事（未来の事）を楽しみにしている」

前置詞格目的語のうち über et.^{4} と auf et.^{4} のetwasは4格です（この4を省くことにしている辞書もあります）. an et.^{3} のetwasは3格です. 辞書によっては（人・物）と記して右肩に3や4の数字を付けています.

anもaufもüberも3・4格支配の前置詞ですが, 前置詞格目的語のために使われた場合でも, 比喩的にではありますが,「静止場所」と「移動方向」の区別が行われています. すなわち, sich über et. freuenやsich auf et. freuenでは「喜ぶ」人の視線は過去や現在や未来へ向かう方向性を持っていますが, sich an et. freuenの場合は「喜ぶ」人の視線は眼前の事物という

4.「座っている」と「座る」の区別

「静止場所」の上にとどまっています.

《練習2》

1) 私は自分の子供時代 (Kindheit) をよく思い出します (sich an et. erinnern).

2) シュミット教授 (Professor Schmidt) は地質学 (Geologie [geoloˈgiː]) を研究しています (sich mit et. beschäftigen).

3) 彼女は自分の振る舞い (Benehmen) をわびている (sich für et. entschuldigen).

4) 彼はシュミット夫人 (Frau Schmidt) に別れを告げる (sich von jm. verabschieden [fɛɐ̯ˈapʃiːdən]).

【解答2】 1) Ich erinnere mich gut an meine Kindheit.　2) Professor Schmidt beschäftigt sich mit Geologie.　3) Sie entschuldigt sich für ihr Benehmen.　4) Er verabschiedet sich von Frau Schmidt.

第XI章　いくつかの重要な区別

5. 分離動詞と非分離動詞の区別　　Track㉓

　ドイツ語が語彙をふやすためによく使う手段は，既存の単語に何らかの構成要素を加えて別の単語を作ることです．たとえば

stehen* i.　「立っている」

にauf-を加えて

auf|stehen* i.　「起きる」
['aʊfʃteːən]

を作ります．
　あるいは，stehen*にbe-を加えて

bestehen* i.　「存続する」
[bəˈʃteːən]

を作ります．
　このときstehen*のことを**基礎動詞**，auf|stehen*やbestehen*のことを**複合動詞**といいます．また，auf-のことを**分離前綴**，beのことを**接頭辞**といいます．
　基礎動詞がstehen*のように不規則な変化をする動詞の場合は複合動詞もまたおなじ不規則な変化をします．
　「起きる」に「7時に」um 7 Uhr（数字の7はsiebenと読みます）を加えた不定詞句は

um 7 Uhr auf|stehen*

です．いまこれを「私は」という主語に結びつけるとしますと，切れ目を示す|からあとの部分が定形となって主語のあとに移動します．これが不定詞に|が入っている理由です．

5. 分離動詞と非分離動詞の区別

(ich)　　　um 7 Uhr auf|stehen*
　　　　　　　　　　　　　　　（不定詞）

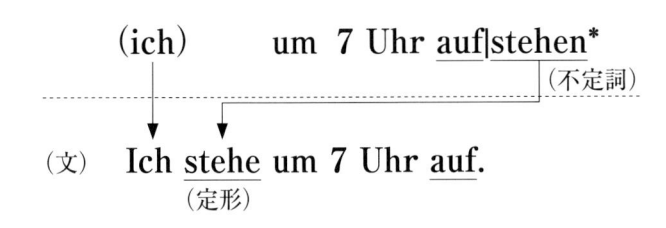

(文)　Ich stehe um 7 Uhr auf.
　　　　　(定形)

　そのため分離前綴のauf-は「私は7時に起きます」の文末に残ります．分離前綴auf-にはアクセントがありますので，たとえ文末に残っても強く発音されますが，steheの語幹の母音にもaufよりは弱いがアクセントが置かれます．
　他方，bestehen*はどのように使われるでしょうか．seit hundert Jahren「百年来」を「存続する」に付け加えた不定詞句は

seit hundert Jahren bestehen*

です．いまこれを「その店は」das Geschäftという主語に結びつけるとしますと，bestehen*には切れ目を示す | が入っていませんから，不定詞全体が定形となって主語のあとに移動します．

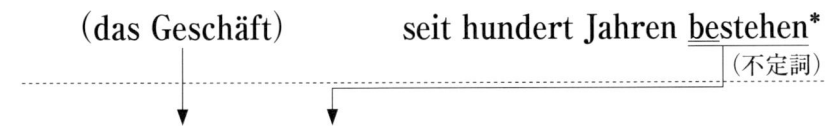

(das Geschäft)　　　seit hundert Jahren bestehen*
　　　　　　　　　　　　　　　　　　　　　　　（不定詞）

(文)　Das Geschäft besteht seit hundert Jahren.

　できあがった文は「その店は百年来続いています」という意味です．
　この二つの例で分かるように，複合動詞は二種類あります．すなわち，auf|stehen*のように定形になると分離前綴が分離して文末に残るタイプと，bestehen*のように定形になっても接頭辞が分離しないで定形の頭にくっついたままでいるタイプの二種類があります．前者を**分離動詞**，後者を**非分離動詞**と呼んで区別します．

第 XI 章　いくつかの重要な区別

この二つのタイプをどうして見分けたらよいでしょうか．
　分離動詞は | で簡単に見分けることができますが，非分離動詞は接頭辞で見分ける以外に手はありません．非分離動詞に付く接頭辞は次のようです．

be-, emp-, ent-, er-, ge-, ver-, zer- など．

そのほか，下に挙げた接頭辞はアクセントが置かれたときは分離し，アクセントが置かれていないときには分離しません．

durch-, hinter-, über-, um-, unter-, voll-, wider-, wieder- など．

たとえば，'über|setzen「（船で）渡す」は分離しますが，über'setzen「翻訳する」は分離しません．

Der Fährmann setzt uns über.
[deɐ]　　['fɛːrman]　　[zɛtst]　　[ʊns]　　['yːbɐ]

フェリーの運転士は私たちを向こう岸へ渡します．

Der Schüler übersetzt den Satz ins Deutsche.
[deɐ]　　['ʃyːlɐ]　　[yːbɐ'zɛtst]　　[den]　　[zats]　　[ɪns]　　[dɔytʃə]

生徒はその文をドイツ語に訳します．

《練習》
次の日本語をドイツ語になおしなさい．
1) その医師（Arzt）は部屋（Zimmer）に入る（betreten*）．

5. 分離動詞と非分離動詞の区別

2) そのビールはごくわずかの（nur wenig：否定の意味となる）アルコール（Alkohol['alkoho:l]）しか含んでい（enthalten*）ない．

3) 父親は子供たちにプレゼント（Geschenk）を約束する（versprechen*）．

4) 戦争（Krieg）は一切（alles）を破壊する（zerstören[tsɛɐ'ʃtøːrən]）．

【解答】 1) Der Arzt betritt das Zimmer.　2) Das Bier enthält nur wenig Alkohol.　3) Der Vater verspricht den Kindern ein Geschenk.　4) Der / Ein Krieg zerstört alles.

— 155 —

第 XII 章
複合された不定詞句

　ドイツ語では，英語と同じように，現在完了時称や未来時称を作るのに助動詞を必要とします．また，受動態を作るのにも助動詞が必要です．そのほか，「～することができる」や「～させる」を表現するためにもそれぞれ特別な助動詞が必要です．

　本章では，これらの助動詞が必要な構文をまとめて扱います．助動詞が必要な構文も，不定詞句に助動詞の不定詞を加えた複合の不定詞句として説明すると意外に簡単です．

第XII章　複合された不定詞句

1. 6時称と複合時称

　ドイツ語には六つの時称が認められています．現在と過去と未来，それに，それぞれの完了形（現在完了・過去完了・未来完了）をあわせた6時称です．
　これらのうち，現在と過去を除いた4時称，つまり未来・現在完了・過去完了・未来完了は作るのに助動詞を必要とします．作るのに助動詞を必要とする時称を**複合時称**といいます．

現在	現在完了
過去	過去完了
未来	未来完了

2. 未来時称

　未来形を作るのに必要な助動詞の不定詞はwerden*です．このwerden*を，未来形に変えたい不定詞の**右どなりに付け加えます**．たとえば，kommen*「来る」を未来形に変えようとしますと，kommen*の右どなりにwerden*を加えて

kommen* werden*　「来るでしょう」

を作ります．これを**未来不定詞**といいます．さらにこの句の左どなりにbald「やがて」を加えますと

bald kommen* werden*

「やがて来るでしょう」が出来ます．いま，この不定詞句を主語Hans「ハンス」（男児名）と結びますと，werden*が主語Hansの定形となってHansの次の位置へ移動します．
　移動の前に，werden*には不規則な変化をする動詞の印であるアステリスクが付いていますから，辞書で変化をしらべておきましょう．

2. 未来時称

ich werde
du wirst
er/sie/es **wird**
wir werden
ihr werdet
sie (Sie) werden

(Hans)　bald kommen* werden*
　　　　　　　　　　　　(不定詞)

(文)　Hans wird bald kommen.*
　　　　　(定形)

こうして「ハンスはやがて来るでしょう」という文ができます.

「明日は雨が降るでしょう」とドイツ語ではどう言うでしょうか.

まず「雨が降る」という動詞はregnen['reːgnən]です. これに未来の助動詞を加えて未来不定詞を作ります.

regnen werden*

次にこれの左どなりに副詞morgen「明日」を加えて不定詞句を作ります.

morgen regnen werden*

regnenを自然現象の「雨が降る」という意味で使うときはes（英語のit）を主語にすることになっていますので（es以外は主語になれません）, 主語esとこの不定詞句を結びつけます.

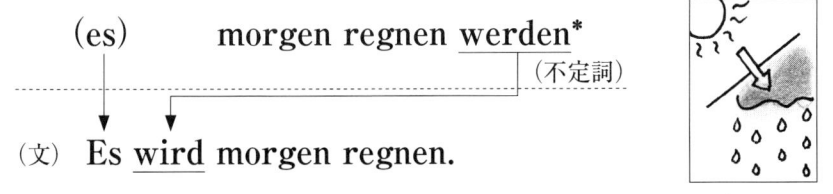

(es)　　morgen regnen werden*
　　　　　　　　　　　　(不定詞)

(文)　Es wird morgen regnen.

ちなみに, esしか主語にとることができない動詞を**非人称動詞**と呼びます.

ichが主語の場合, 未来の助動詞werden*を使いますと「～するつもりだ」という意味をあらわします.「私は伯父に便りをするでしょう」というのは「私は伯父に便りをするつもりだ」という意味です. つまり, 未来の事柄にちがいないけれども**話し手の意志がかかわった未来の表現**です. ドイツ語で言ってみましょう. まず「便りをする」はjm. schreiben*です. jm.がjemandem

第XII章 複合された不定詞句

と読むことや「人の3格」を意味することはもう習いました.「人^{3}に便りをする」schreiben*が目的語をとるけれども他動詞ではないことも学びました.「伯父に便りをする」という不定詞句は

dem Onkel schreiben*

です.

これに未来の助動詞werden*を付け加えた未来不定詞句は

dem Onkel schreiben* werden*

です.こんどは未来不定詞句と主語ichを結びつけましょう.そうしますと,未来の助動詞werdenは主語ichの定形となり,ichのあとへ移動します.

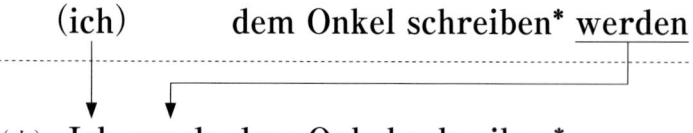

（ich）　　dem Onkel schreiben* werden

（文）Ich werde dem Onkel schreiben*

　もう一つ別の「〜でしょう」をおぼえましょう.顔色の悪い男性を見かけて,「あの男性はたぶん病気でしょう」と言うときの「〜でしょう」です.
　まず「病気です」という不定詞句を作ってください.それは

krank sein*

です.これに「〜でしょう」を表す未来の助動詞werden*の不定詞を加えますと

krank sein* werden*

さらにwohl「たぶん」を加えますと

wohl krank sein* werden*

2. 未来時称

となります。これと主語der Mann「あの男性」を結びつけますと

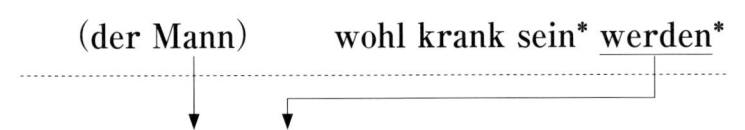

$$(\text{der Mann}) \quad \text{wohl krank sein* \underline{werden*}}$$

(文) Der Mann <u>wird</u> wohl krank sein.*

　この文は，お気づきのように，未来の助動詞を使っているにもかかわらず，あらわしているのは現在の推量です．厳密に言うと，**現在における話者の推量**です．

　未来形は自然の時間の流れを「過去―現在―未来」の三つに分けたことから付けた名前ですが，実際の用法は話者の現在の推量をあらわしたりしますので，未来形という名称にまどわされていつも未来の事柄を表す形式だと考えてはいけません．

《練習》

次の文をドイツ語になおしなさい．

1) 明日 (morgen) は晴れ (schön) でしょう．

2) 私たちは来週 (nächste Woche) その本を読み終えている (gelesen haben*) ことでしょう (**5-3.** にくわしい説明があります)．

3) 彼がきっと（sicher）あなたに（敬称）手をかしてくれる（helfen*）でしょう．

【解答】1)　Es wird morgen schön sein. / Morgen wird es schön sein.
2)　Wir werden nächste Woche das Buch gelesen haben. / Nächste Woche werden wir das Buch gelesen haben.　3)　Er wird Ihnen sicher helfen. / Sicher wird er Ihnen helfen.

3. 基礎動詞の3基本形

　不定詞と過去基本形と過去分詞の三つを動詞の**3基本形**といいます．規則変化をする動詞の場合，過去基本形と過去分詞は**不定詞から自分で作ります**．すなわち，過去基本形は不定詞の語幹に -te を付けて作ります．また過去分詞は語幹を ge- と -t ではさんで作ります．たとえば machen の3基本形は

$$\text{machen} - \text{mach}\underline{te} - \underline{ge}\text{mach}\underline{t}$$

です．
　語幹が -d, -t, -chn, -fn, -gn, -tm などに終わる場合の過去基本形は語幹に -ete を付けます．また過去分詞は語幹を ge- と -et ではさんで作ります．たとえば arbeiten ['arbaɪtən]「働く」の3基本形は

$$\text{arbeiten} - \text{arbeit}\underline{ete} - \underline{ge}\text{arbeit}\underline{et}$$

です．

《練習1》
次の動詞の意味と3基本形を書きなさい．
1)　kochen
　　（　　　　　）

2) rechnen
   (   ) ....
3) atmen
   (   ) ....

【解答1】 1)　料理をする　kochen, kochte, gekocht　　2)　計算する　rechnen, rechnete, gerechnet　　3)　呼吸する　atmen, atmete, geatmet

不規則な変化をする動詞は3基本形を学習者が自分で作ることができません．辞書に教えてもらわなければなりません．**辞書の巻末の表を見ますと**，たとえばsitzen*の3基本形は

$$\text{sitzen* — saß — gesessen}$$
$$\text{[zaːs]}$$

です．

《練習2》
次の動詞の意味と3基本形を書きなさい．
1) gehen*
   (   ) ....
2) werfen*
   (   ) ....
3) schreiben*
   (   ) ....
4) trinken*
   (   ) ....

【解答2】 1)　歩く／行く　gehen, ging, gegangen　　2)　投げる　werfen, warf, geworfen　　3)　書く　schreiben, schrieb, geschrieben　　4)　飲む　trinken, trank, getrunken

4. 複合動詞の3基本形

分離動詞の3基本形は書き方に注意が必要です．たとえばauf|machen

第XII章　複合された不定詞句

「開く」ですと

<u>auf</u>|<u>machen</u> － <u>mach</u>*te* <u>auf</u> － <u>auf</u>*ge*<u>mach</u>*t*

のように書きます．アクセントはいつも分離前綴にあります．
　注意しなければならないことは2点です．
①過去基本形を書くとき，分離前綴を基礎動詞のあとにまわして，**離して書**きます．
②過去分詞を書くとき，geを分離前綴と基礎動詞のあいだに挟みます．
　不規則な変化をする動詞の場合もおなじです．たとえば，auf|stehen*なら

<u>auf</u>|<u>stehen</u>* － <u>stand</u>　<u>auf</u> － <u>auf</u>*ge*<u>standen</u>

のように書きます．
　非分離動詞の3基本形も書き方に注意が必要です．たとえばbesuchen [bəˈzuːxən]「訪問する」ですと

<u>besuchen</u> － <u>besuch</u>*te* － <u>besuch</u>*t*

のように書きます．アクセントは必ず基礎動詞の語幹にあります．
　注意しなければならないことは2点です．
①過去基本形を書くとき，接頭辞を基礎動詞に付けたままにします．
②過去分詞を書くとき，geを省いてしまいます．*be*ge*suchtや**ge*besuchtは誤りです．
　不規則な変化をする動詞の場合もおなじです．たとえば，*be*sitzen*なら

<u>besitzen</u>* － <u>besaß</u> － <u>besessen</u>

のように書きます．

《練習1》
　次の動詞の意味と3基本形を書きなさい．
　1)　enthalten*
　　　(　　　　　　　)　........................　........................　........................
　2)　aufgeben*
　　　(　　　　　　　)　........................　........................　........................

3)　gelingen*
　　（　　　　　）
4)　abfahren*
　　（　　　　　）

【解答1】1)　含んでいる　enthalten, enthielt, enthalten　　2)　断念する　aufgeben, gab auf, aufgegeben　　3)　うまくゆく　gelingen, gelang, gelungen　　4)　（人が車や舟などで）出発する　abfahren, fuhr ab, abgefahren

　過去分詞にge-が付かないという点に関してついでにおぼえておいていただきたいのは，-ieren, -eienに終わる動詞です．アクセントはこれらの語尾にあります．

studie<u>r</u>en － studier*te* － studier*t*　　「大学で勉強している」

prophe<u>z</u>eien － prophezei*te* － prophezei*t*　　「予言する」

《練習2》
次の動詞の意味と3基本形を書きなさい．
1)　analysieren [analyˈziːrən]
　　（　　　　　）
2)　motivieren [motiˈviːrən]
　　（　　　　　）

【解答2】1)　分析する　analysieren － analysierte － analysiert　　2)　動機づける　motivieren － motivierte － motiviert

5. 完了時称

現在完了と過去完了と未来完了を**完了時称**といいます．
　このうち現在完了と過去完了は**完了不定詞**を基にして作ります．完了不定詞とは

$$\text{過去分詞} + \text{haben*}$$

あるいは

第XII章　複合された不定詞句

過去分詞 + sein*

です．haben*とsein*が完了の助動詞です．どちらを選ぶかは**過去分詞になる動詞によって決まります**．過去分詞になる動詞の不定詞を辞書で引きますと指示がありますから，必ずそれに従います．指示の形式は辞書によって違いがありますが，要するに完了の助動詞にhaben*を使うかsein*を使うかが書いてあります．

　その場合の独和辞典の伝統的な方式は，完了の助動詞としてsein*動詞を使わなければならない場合はsein*の頭文字の（**s**）**を使って示し**，完了の助動詞としてhaben*動詞を使わなければならない場合はhaben*の頭文字の（h）を使って示すというやり方です．まれにsein*もhaben*も使える動詞があって，その場合は（s, h）と記してあります．

　最近は指示方式が丁寧になって，（他）（（完了）haben），（自）（（完了）haben），（自）（（完了）sein），（自）（（完了）habenまたはsein），（再帰）（（完了）haben），（非人称）（完了）haben）のように一つ一つの動詞について種類と使い方が書いてあります．

5-1. 現在完了

　現在完了形を作るときは，完了不定詞に含まれている助動詞haben*あるいはsein*を現在人称変化させます．

ich	habe		ich	bin
du	hast		du	bist
er/sie/es	hat		er/sie/es	ist
wir	haben		wir	sind
ihr	habt		ihr	seid
sie(Sie)	haben		sie(Sie)	sind

　「私はもう朝食をすませました」をドイツ語で書いてみましょう．「朝食をする」はfrühstücken [ˈfryːʃtʏkən]といいます．これの過去分詞はgeˈfrühstücktです．frühstückenを辞書で引いて完了の助動詞がhaben*かsein*かを調べますと，haben*であることが分かります．そこで完了不定詞は，

5. 完了時称

gefrühstückt haben*

これに「もう」schonを加えて完了不定詞句を作ります.

schon gefrühstückt haben*

この完了不定詞句を主語「私は」ichと結びつけますと

(ich)　　　schon gefrühstückt haben*

(文)　**Ich habe schon gefrühstückt.**

　完了の助動詞の不定詞habenは移動して主語ichの定形に変わり, ichのあとに来ます. そして「私はもう朝食をすませました」という文ができます.
　「母は窓(複数)を開けました」と言ってみましょう.「開ける」は'auf|machenです. 過去分詞は'aufgemachtですが, 完了の助動詞はhaben*ですので, 完了不定詞は

aufgemacht haben*

です. これの左に「窓を(複数)」die Fensterを加えて完了不定詞句を作ります.

die Fenster aufgemacht haben*

　この完了不定詞句と主語「母は」meine Mutterを結びつけますと, 完了の助動詞haben*が主語meine Mutterの定形となって, meine Mutterのあとへ移動します.

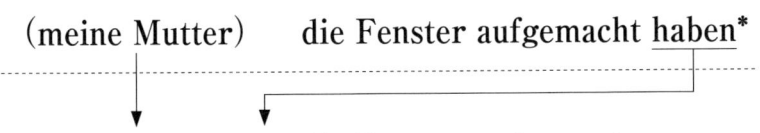

(meine Mutter)　　die Fenster aufgemacht haben*

(文)　**Meine Mutter hat die Fenster aufgemacht.**

第XII章　複合された不定詞句

こんどは「兄／弟は7時に起きました」と言ってみましょう。「起きる」はaufstehen*です。過去分詞はaufgestandenですが、完了の助動詞はsein*ですので、完了不定詞は

aufgestanden [ˈaʊfɡəʃtandən] sein*

となります。これに「7時に」um 7 Uhrを加えて完了不定詞句を作ります。

um 7 Uhr aufgestanden sein*

この完了不定詞句と主語「兄／弟は」mein Bruderを結びつけますと、完了の助動詞sein*が主語mein Bruderの定形となって、mein Bruderのあとへ移動します。

（mein Bruder）　um 7 Uhr aufgestanden sein*

(文)　**Mein Bruder ist um 7 Uhr aufgestanden.**

「父親は娘にプレゼントを約束した」をドイツ語ではどういうでしょうか。「約束する」はversprechen*です。過去分詞はversprochenとなります。接頭辞ver-の付いた複合動詞は過去分詞を作る際にge-を省略します。完了の助動詞はhaben*ですから、完了不定詞は

versprochen [fɛɐ̯ˈʃprɔxən] haben*

です。versprechen*は人の3格と物の4格を目的語にとりますので、「娘」の3格はder Tochter [ˈtɔxtɐ]、「プレゼント」の4格はein Geschenkです。これらを完了不定詞に加えた完了不定詞句は

der Tochter ein Geschenk versprochen haben*

です。いまこれに主語のder Vaterを結びつけますと、完了の助動詞haben*が主語der Vaterの定形となって主語のうしろへ移動します。

5. 完了時称

(der Vater) der Tochter ein Geschenk versprochen haben*

(文) Der Vater hat der Tochter ein Geschenk versprochen.

《練習》

次の日本語をドイツ語になおしなさい.

1) 息子（Sohn）は父の庭仕事（Gartenarbeit）を（bei）手伝いま（helfen*）した.

2) Manfred ['manfreːt]は彼のギムナージウム卒業試験（Abitur）のあと英国（England）へ（nach）渡りま（fahren*）した.

3) Maria [ma'riːa]は私に彼女のアルバイト（Job）について（von）話して（erzählen）くれた.

【解答】1) Der Sohn hat dem Vater bei der Gartenarbeit geholfen.
2) Manfred ist nach seinem Abitur nach England gefahren.
3) Maria hat mir von ihrem Job erzählt.

5-2. 過去完了

　過去完了形を作るときは，完了不定詞のうち助動詞haben*あるいはsein*を**過去人称変化**させます．

　haben*ならびにsein*の過去人称変化は下のとおりです．

ich	hatte	ich	war
du	hattest	du	warst
er/sie/es	hatte	er/sie/es	war
wir	hatten	wir	waren
ihr	hattet	ihr	wart
sie (Sie)	hatten	sie(Sie)	waren

　　　＊　　　＊　　　＊　　　＊　　　＊

　どうしてこの変化が成り立つかを了解するには，まず**動詞全般の過去人称変化**を理解しなければなりませんので，ここで過去完了の説明を中断し，過去人称変化の説明に切り替えます．

　過去人称変化は，規則変化をする動詞であっても不規則な変化をする動詞であっても，過去基本形を基にして作ります．下の表のとおり，――のところに過去基本形を入れ，語尾を足すところは語尾を足します．[e]nとしてあるのは，過去基本形が-teで終わっている場合は-nだけを足せばよいという意味です．

ich	――	wir	――[e]n
du	――st	ihr	――t
er/sie/es	――	sie(Sie)	――[e]n

　実例で説明しましょう．まず規則変化をする基礎動詞の例．spielen「～を演奏する」の3基本形はspielen - spielte - gespieltです．これを上の表にあてはめて書いてみましょう．書いてから，下の正解と照合しましょう．

5. 完了時称

ich	spielte	wir	spielten
du	spieltest	ihr	spieltet
er/sie/es	spielte	sie(Sie)	spielten

不規則な変化をする基礎動詞の例．sprechen*の3基本形はsprechen - sprach - gesprochenですので，これを左の表にあてはめると

ich	sprach	wir	sprachen
du	sprachst	ihr	spracht
er/sie/es	sprach	sie(Sie)	sprachen

規則変化をする分離動詞zumachen「閉める」の3基本形はzumachen - machte zu - zugemachtです．これを左の表にあてはめると

ich	machte zu	wir	machten zu
du	machtest zu	ihr	machtet zu
er/sie/es	machte zu	sie(Sie)	machten zu

規則変化をする非分離動詞entdecken「発見する」の3基本形は

entdecken – entdeckte – entdecktです．これを前の表にあてはめると

ich	entdeckte	wir	entdeckten
du	entdecktest	ihr	entdecktet
er/sie/es	entdeckte	sie(Sie)	entdeckten

不規則な変化をする分離動詞zurückkommen*「帰って来る」の3基本形はzurückkommen – kam zurück – zurückgekommenです．これを前の表にあてはめると

ich	kam zurück	wir	kamen zurück
du	kamst zurück	ihr	kamt zurück
er/sie/es	kam zurück	sie(Sie)	kamen zurück

不規則な変化をする非分離動詞zerreißen「引き裂く」の3基本形はzerreißen* – zeriss – zerrissenです．これを前の表にあてはめると

5. 完了時称

ich	zerriss	wir	zerrissen
du	zerrissest	ihr	zerrisst
er/sie/es	zeriss	sie(Sie)	zerrissen

duの定形には語尾-stの前に口調をよくするために母音 -e- が入っています。

$*\quad *\quad *\quad *\quad *$

では，過去完了の説明にもどります。

過去完了という時称は過去時称で表されている時点を基準として「そのときよりも早く」を表す，つまり二つの時点のずれを表すための時称ですから，文のなかに「そのとき」を示す語句がなければなりません。たとえば，「そのときすでに私は朝食を終えていた」をドイツ語で書いてみましょう。「朝食をする」はfrühstückenでした。これの過去分詞はgefrühstücktです。そこで完了不定詞は

gefrühstückt haben*

これに「そのとき」daと「もう」schonを左どなりに加えて完了不定詞句を作ります。

da schon gefrühstückt haben*

この完了不定詞句を主語「私は」ichと結びつけますと，完了の助動詞の不定詞habenは移動して主語ichの過去の定形に変わり，ichのあとに来ます。

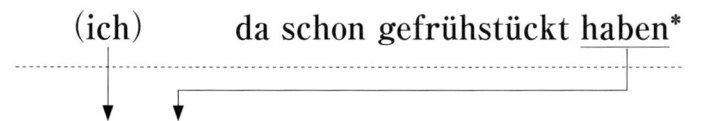

(ich)　　da schon gefrühstückt haben*

(文) Ich hatte *da* schon gefrühstückt.

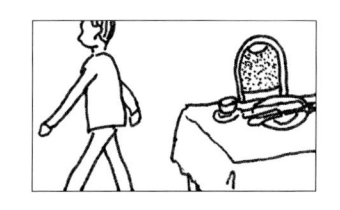

そして「私はそのときもう朝食をすませていました」という文ができます。「時の副詞」のうちdaを文頭に置くほうが文のバランスがよいので，daを文頭へ移動します。すると，主語と定形が倒置されて

Da hatte ich schon gefrühstückt.

という文ができあがります.

　こんどは「そのころすでに私の姉は亡くなってしまっていた」をドイツ語で書いてみましょう．「亡くなる」はsterben*です．これの過去分詞はgestorbenです．また完了の助動詞はsein*です．そこで完了不定詞は

gestorben sein*

です．これに「そのころ」damalsと「もう」schonを加えて完了不定詞句を作ります．

damals schon gestorben sein*

　この完了不定詞句を主語「私の姉は」meine Schwesterと結びつけますと，完了の助動詞の不定詞sein*は移動して主語ichの過去の定形warに変わり，ichのあとに来ます．

　　（meine Schwester）　　damals schon gestorben sein*

（文）　Meine Schwester war *damals* schon gestorben.

　そして「私の姉はそのころすでに亡くなってしまっていました」という文ができます．上の例とおなじく「時の副詞」のうちdamalsを文頭に置くほうが文のバランスがよいので，damalsを文頭へ移動します．すると，主語と定形が倒置されて

Damals war meine Schwester schon gestorben.

という文ができあがります．

5. 完了時称

《練習》
次のドイツ語を日本語になおしなさい.
1) Mein Onkel war gestern schon wieder abgereist.

―――――――――――――――――――――――――

2) Mein Bruder hatte bereits im vorigen Jahr den Führerschein gemacht.（im vorigen Jahr：前の年）

―――――――――――――――――――――――――

【解答】1) おじは昨日すでにまたしても旅立った.　2) 兄／弟はすでに前の年に運転免許証を取ってしまっていた.

5-3. 未来完了

　未来完了は完了不定詞の右どなりに未来の助動詞の不定詞を置いた**未来完了不定詞**を基に作ります. 完了不定詞は<u>過去分詞 + haben*</u>あるいは<u>過去分詞 + sein*</u>のいずれかでしたから，未来完了不定詞も2とおりできます. すなわち

$$過去分詞 + haben^* + werden^*$$

あるいは

$$過去分詞 + sein^* + werden^*$$

の2とおりです.
　名前どおりの未来完了は行為が未来のある時点で完了していることを表す形式ですから，訳すれば「(ある時点までに) 〜してしまっているでしょう」という訳になります.
　たとえば，「私はその本を金曜日までに読んでしまっているでしょう」はどう言えばよいでしょうか.「読む」はlesen*, 過去分詞はgelesenですから，未来完了不定詞はgelesen haben werden*です. これに「金曜日までに」bis zum Freitagを加えて未来完了不定詞句を作ります.

― 175 ―

第XII章　複合された不定詞句

bis zum Freitag das Buch gelesen haben werden*

これと主語の「私は」ichとを結びつけますと，未来不定詞werden*がichの定形に変化してichのあとに移動します．

　　(ich)　　bis zum Freitag das Buch gelesen haben werden*

(文)　Ich werde bis zum Freitag das Buch gelesen haben.

「未来形」が，名前に反して，未来の事柄を述べないで現在における話し手の推測をあらわしたように，「未来完了形」も，名前に反して，未来における行為の完了を表さないで**過去に向けられた話者の推量**を表すことがあります．次の文はどう訳しますか．

Draußen wird es wohl sehr kalt gewesen sein.

　gewesen はsein*「～である」の過去分詞です．gewesen seinはsein*の完了不定詞だということに納得されるでしょうか．動詞のsein*は完了の助動詞がまたsein*なのです．それで，動詞のsein*の過去分詞がgewesen，gewesenの前に添える完了の助動詞がsein*で，できあがった完了不定詞がgewesen sein*というわけです．形容詞kalt＋動詞sein*で述語「寒い」が出来ます．いまsein*がgewesen sein*に変っていますから「寒かった」という意味になります．**完了不定詞はいつも訳に「た」が付きます**．wohlは副詞で「たぶん」，esは英語のitに相応します．天候など自然現象を述べる動詞の主語になります，draußenも副詞で「外で」．文全体は「外はたぶんとても寒かったのでしょう」という意味になります．

— 176 —

《練習》
次のドイツ語を日本語になおしなさい.
1) Sie werden gestern die Stadt besichtigt haben.　2) Morgen wird er die Arbeit beendet haben　3) Die Jungen werden neulich im Gebirge gewandert sein.

1) _____
2) _____
3) _____

【解答】1)　あなたは昨日町を見物なさったことでしょう.　2) 明日なら彼は仕事を終えていると思われます.　3) 少年たちは先ごろ山を徒歩旅行していたのでしょう.

6. 受動態

受動態は「～される」という受動の意味を表すための形式です.「ほめる」に対して「ほめられる」が受動です.「ほめる」の方は能動といいます.

受動態を作るには**受動不定詞**を作らなければなりません.

過去分詞 + werden*

これは，ごらんのように，動詞の3基本形で作り方を習った過去分詞の右どなりに受動の助動詞werden*を足して作ります.「ほめる」lobenから「ほめられる」を作ってみましょう.

gelobt werden*

lobenは規則変化をする動詞ですから，過去分詞は語幹をge-と -t で挟んで作ります.

受動態の文ではふつう「誰によって」ほめられるかが表現されます.「～によって」は3格支配の前置詞vonであらわします.

いま，ほめた人が「先生」der Lehrerであったとしますと,「先生によって」はvon dem Lehrerです. すると受動不定詞句は

von dem Lehrer gelobt werden*

第XII章　複合された不定詞句

となります．
　さて，主語を「その生徒は」der Schülerだとして，この主語と受動の不定詞句を結びつけますと，受動の助動詞werden*が主語der Schülerの定形となって主語の次へと移動します．

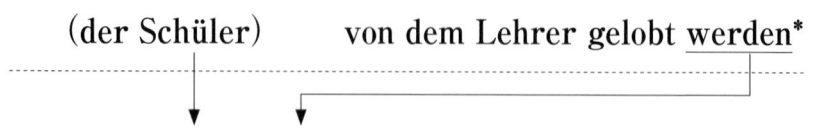

　　　（der Schüler）　　　von dem Lehrer gelobt werden*

（文）　Der Schüler wird von dem Lehrer gelobt.

　こうして「その生徒は先生にほめられる」という受動態の文が出来ました．
　受動の助動詞が現在形wirdであることに注目してください．これがこの受動態が現在である理由です．**助動詞の時称が文の時称を決定する**のです．
　さて，ドイツ語には6時称が認められていることはお話ししました．あれは能動態の話でした．能動態をいわば裏返したのが受動態ですから，受動態にも6時称が認められなければなりません．
　つまり，

　　①受動態現在　　　④受動態現在完了
　　②受動態過去　　　⑤受動態過去完了
　　③受動態未来　　　⑥受動態未来完了

という六つの形式が存在するはずです．それらは，それぞれどんな形でしょうか．
　このことをかんがえるとき，まず能動態で助動詞を必要とするのはどの時称形式とどの時称であったかを思い出しましょう．すでに一度158ページに掲げた表をもう一度下に掲げます．カスミをかけた四つの時称が助動詞を必要とする形式でした．「現在」と「過去」は助動詞を使いません．

現在	現在完了
過去	過去完了
未来	未来完了

　すると，**受動の現在**は下の受動不定詞のwerden*を現在人称変化させればよいわけです．
　実際問題として受動の複合時称はほとんど使うことがありません．以下で

— 178 —

も，複合時称は形式を説明したあと，変化形の練習にとどめています．

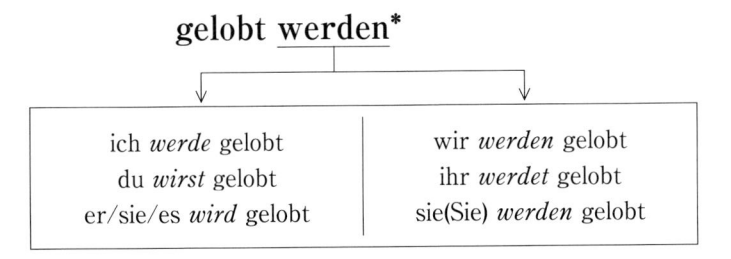

gelobt werden*

ich *werde* gelobt	wir *werden* gelobt
du *wirst* gelobt	ihr *werdet* gelobt
er/sie/es *wird* gelobt	sie(Sie) *werden* gelobt

《練習1》
次のドイツ語を日本語になおしなさい．
1) Der Patient[patsi'ɛnt] wird vom Arzt geimpft.

2) Das Zimmer wird mit Kerzen beleuchtet.

3) Bei Hegel werden diese Probleme entwickelt.

【解答1】1) 患者は医師から予防接種を受ける． 2) 部屋はろうそくで照明される． 3) ヘーゲルにおいてこれらの問題が展開される．

受動の過去なら上の受動不定詞のwerden*を過去人称変化させればよいわけです．

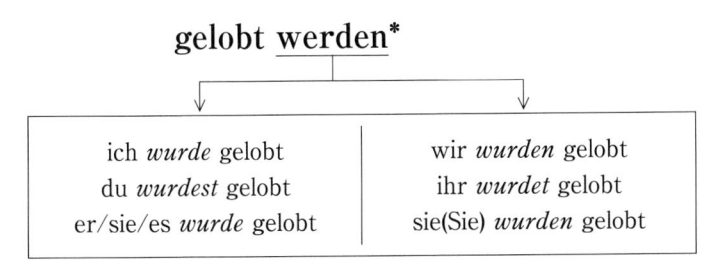

gelobt werden*

ich *wurde* gelobt	wir *wurden* gelobt
du *wurdest* gelobt	ihr *wurdet* gelobt
er/sie/es *wurde* gelobt	sie(Sie) *wurden* gelobt

第XII章　複合された不定詞句

《練習2》
次のドイツ語を日本語になおしなさい．
1)　Die Straße wurde durch den Regen überschwemmt.

----

2)　Das Schiff wurde von einem Flugzeug durch Bomben zerstört.

【解答2】 1)　通りは雨で氾濫した．　　2)　船は飛行機によって爆弾で破壊された．

　受動の未来の作り方はお分かりでしょうか．そうです．受動不定詞 (gelobt werden*) の右どなりに未来の助動詞werden*を付け足せばよいのです．

gelobt werden*<u>werden*</u>

　これが**受動の未来不定詞**です．werden*が二つも並んでいますが，けっして誤りではありません．過去分詞のすぐ右どなりのwerden*は受動の助動詞で，さらに右どなりのwerden*は未来の助動詞です．
　これを人称変化させてみましょう．右端の未来の助動詞が人称変化するだけで，他の部分は変わりません．

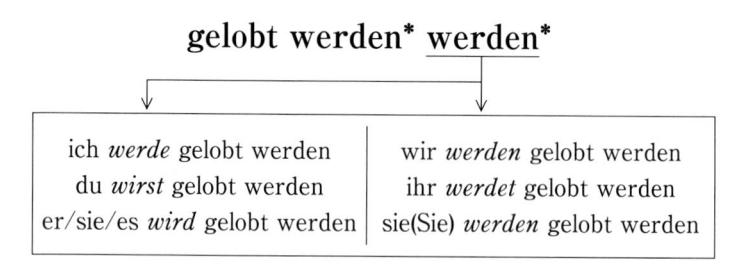

gelobt werden* <u>werden*</u>

ich *werde* gelobt werden	wir *werden* gelobt werden
du *wirst* gelobt werden	ihr *werdet* gelobt werden
er/sie/es *wird* gelobt werden	sie(Sie) *werden* gelobt werden

《練習3》

vor|stellen「紹介する」の受動未来時称の人称変化を書きなさい．

【解答3】ich *werde vorgestellt* werden / du *wirst vorgestellt* werden / er / sie / es *wird vorgestellt* werden // wir *werden vorgestellt* werden / ihr *werdet vorgestellt* werden / sie(Sie) *werden vorgestellt* werden

　受動の現在完了を作るには，まず受動不定詞を受動の完了不定詞に変えなければなりません．それにはwerden*の完了不定詞を作ります．つまり，werden*を過去分詞に変え（過去分詞はworden），それの右どなりへwerden*の完了の助動詞を付け加えるのです（werden*を辞書で引きますと完了の助動詞はsein*であることが分かります）．するとできあがるのは

gelobt worden sein*

　いまこの受動の完了不定詞のsein*の部分だけを現在人称変化させますと，受動の現在完了の人称変化ができあがります．gelobt wordenの部分は変わりません．

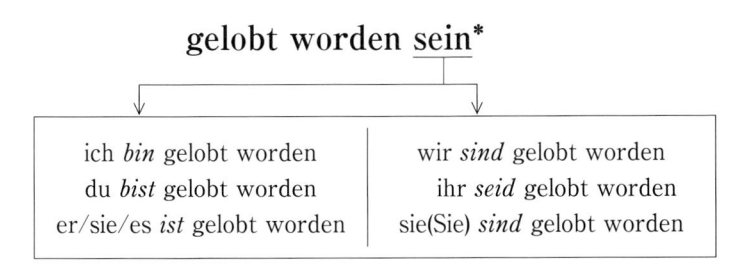

gelobt worden sein*

ich *bin* gelobt worden	wir *sind* gelobt worden
du *bist* gelobt worden	ihr *seid* gelobt worden
er/sie/es *ist* gelobt worden	sie(Sie) *sind* gelobt worden

第XII章　複合された不定詞句

《練習4》
entdecken「発見する」の受動現在完了時称の人称変化を書きなさい．

【解答4】ich *bin entdeckt* worden ／ du *bist entdeckt* worden ／ er/sie/es *ist entdeckt* worden ／／ wir *sind entdeckt* worden ／ ihr *seid entdeckt* worden ／ sie(Sie) *sind entdeckt* worden

　受動の**過去完了**の作り方はもうお分かりですね．そうです．こんどは受動の完了不定詞のsein*を過去人称変化させればよいのです．

gelobt worden sein*

ich *war* gelobt worden	wir *waren* gelobt worden
du *warst* gelobt worden	ihr *wart* gelobt worden
er/sie/es *war* gelobt worden	sie(Sie) *waren* gelobt worden

《練習5》
behandeln「治療する」の受動の過去完了時称の人称変化を書きなさい．

【解答5】ich *war behandelt* worden ／ du *warst behandelt* worden ／ er/sie/es *war behandelt* worden ／／ wir *waren behandelt* worden ／ ihr *wart behandelt* worden / sie(Sie) *waren behandelt* worden

さいごに残った受動の未来完了を作るには，**受動の完了不定詞に未来の助動詞を付け加えます**．そして未来の助動詞を人称変化させます．他の部分は変わりません．

gelobt worden sein* + werden*
（受動の完了不定詞）　　（未来の助動詞）

ich *werde* gelobt worden sein	wir *werden* gelobt worden sein
du *wirst* gelobt worden sein	ihr *werdet* gelobt worden sein
er/sie/es *wird* gelobt worden sein	sie(Sie) *werden* gelobt worden sein

《練習6》
retten「救う」の受動未来完了時称の人称変化を書きなさい．

【解答6】ich *werde gerettet* worden sein / du *wirst gerettet* worden sein / er/sie/es *wird gerettet* worden sein // wir *werden gerettet* worden sein / ihr *werdet gerettet* worden sein / sie(Sie) *werden gerettet* worden sein

7. 話法の助動詞と使役動詞

話法の助動詞は6個あります．聞き慣れない名前ですが，とにかく助動詞ですから，単独では使われることはなく，本動詞（＝不定詞）と結んで使われます．本動詞の不定詞の意味に加えて「～するつもりである」のように意志をあらわしたり（wollen*），「～することが許されている」（dürfen*）の

第XII章　複合された不定詞句

ように許可をあらわしたり,「～することができる」(können*)のように能力をあらわしたり,「～かもしれない」(mögen*)のように事が起こりうる可能性をあらわしたり,「～しなければならない」(müssen*)のように必要をあらわしたり,「～するべきである」(sollen*)のように常識的要求をあらわしたりする6個の助動詞を**話法の助動詞**といいます.

　話法の助動詞の意味はここに記した訳だけではなくて,ほかにもいろいろあります.とくに,動詞の表す意味に話し手の感じ方や判断を付けくわえます.読者は学習を進めながら,数多くの実例に出会っていろいろな訳しかたをおぼえていってほしいと思います.

　ここでは変化と使い方の形式をおぼえましょう.まず「～するつもりである」wollen*から.いま本動詞(=不定詞)をfahren*「(車・船などに乗って)行く」だとしますと,この不定詞の右どなりにwollen*を添えます.

fahren* wollen*　((車・船などに乗って)行くつもりです)

この不定詞句に「京都へ」nach Kyotoを加えますと

nach Kyoto fahren* wollen*

これにさらに「明日」morgenを加えますと

morgen nach Kyoto fahren* wollen*

ができます.この不定詞句を主語と結びつけますと文ができますが,ここでさきに話法の**助動詞の人称変化**を紹介します.

不定詞 主語	wollen	dürfen	können	mögen	müssen	sollen
ich	will	darf	kann	mag	muss	soll
du	willst	darfst	kannst	magst	musst	sollst
er/sie/es	will	darf	kann	mag	muss	soll
wir	wollen	dürfen	können	mögen	müssen	sollen
ihr	wollt	dürft	könnt	mögt	müsst	sollt
sie(Sie)	wollen	dürfen	können	mögen	müssen	sollen

sollen以外単数形と複数形とで幹母音が異なっています.また,単数形・

複数形とも1人称と3人称の形が一致するのも特徴です.
　さて，いま主語を「私は」ichだとしますと，不定詞句の右端に置かれたwollen*がichの定形となってichの次へ移動します.

(ich)　　morgen nach Kyoto fahren* wollen*

(文)　Ich will morgen nach Kyoto fahren*.

　もし「明日」を話題化して文頭に移動させると，変形が起こって主語と定形が入れ替わります.

Morgen will ich nach Kyoto fahren*.

「明日京都へ行くつもりである」という不定詞句と主語「あなたは（敬称）」Sieと結びつけますと，不定詞句の右端に置かれたwollen*はSieの定形となってSieの次へ移動します.

(Sie)　　morgen nach Kyoto fahren* wollen*

(文)　Sie wollen morgen nach Kyoto fahren*.

　これが「あなたは明日京都へ行くつもりである」という文ですが，これを疑問文に変形しますと，主語Sieと定形wollenが入れ替わります.

Wollen Sie morgen nach Kyoto fahren?

《練習1》
次の日本語をドイツ語になおしなさい.
1) あなたはドイツ語を話す（sprechen*）ことができます（können*）か．はい，できます．

第XII章　複合された不定詞句

2)　あなたは（du）今晩（heute Abend）わたしの車（Auto）を使って（nehmen*）もよろしい（dürfen*）.

3)　あなたは（Sie）手数料（Gebühren, pl.）を月末までに（bis Ende des Monats）払わ（bezahlen）なければなりません（müssen*）.

4)　今晩あなたに（Ihnen）町（Stadt）を御案内（jm. et. zeigen）してもいい（können*）ですか.

5)　きみ，食事をつくるのを（beim Kochen）手伝っ（helfen*）てくれる（können*）かい.

6)　Schmidtさんが電話をしてこられ（an|rufen*）ました．あなたに掛けて来（zurückrufen*）てほしいとのことです（sollen*）.

7)　市（Stadt）はここに（hier）病院（Krankenhaus）を建て（bauen）ようとしている（wollen*）.

【解答1】 1)　Können Sie Deutsch sprechen? Ja, ich kann Deutsch sprechen.（英語のYes, I can.のような略式の返事はドイツ語にありません．）　2)　Du darfst heute Abend mein Auto nehmen.　3)　Sie müssen die Gebühren bis Ende des Monats bezahlen.　4)　Kann ich Ihnen heute Abend die Stadt zeigen?　5)　Kannst du mir beim Kochen helfen?　6)　Herr Schmidt hat angerufen. Sie sollen zurückrufen. あなた（Sie）が主語ですが，sollenはあなたに電話をかけ直してほしいというSchmidt氏の意志を表します．　7)　Die Stadt will hier ein Krankenhaus bauen.

lassen*「～させる」もまた不定詞といっしょに使いますので，**使役の助動詞**と呼ばれています．「買い物をする」einkaufenに使役の助動詞を加えますと「買い物をさせる」という不定詞句ができます．「～させる」以上は誰かにさせるわけですが，その場合「誰かに」は4格になります．それはlassen*が他動詞だからです．

たとえば「息子に買い物をさせる」という不定詞句は

den Sohn einkaufen lassen*

となります．この不定詞句にさらに副詞「いつも」immerを加えますと

immer den Sohn einkaufen lassen*

ができます．いまこれを「母は」die Mutterという主語と結びつけますと，使役の助動詞の不定詞lassen*は定形に変わって主語die Mutterの次へ移動します．

（die Mutter） immer den Sohn einkaufen lassen*

(文) **Die Mutter lässt immer den Sohn einkaufen.**

lassen*は不規則な変化をする動詞ですので，変化は辞書の記載にならいます．

「教授は秘書に手紙を書かせる」をドイツ語で言ってみましょう．まず，「書かせる」の不定詞句から．「書く」がschreiben*，「～させる」がlassen*ですから，「書かせる」は

schreiben* lassen*

です．次はこれに「秘書に」die Sekretärin [zekreˈteːrɪn]（4格）を加えるのが順序なのですが，ちょっとお待ちください．「書く」schreiben*が目的語として「手紙を」einen Briefを伴っています．これをまずschreiben*の左どなりにつけくわえておかなければなりません．そこで不定詞句は次のような順序で並ぶことになります．

die Sekretärin einen Brief schreiben* lassen*

schreiben*に直接関連する要素は先にschreiben*の左どなりに並べてしまうのです（下線はそのことを示しています）.

　さて，これで「教授は」der Professor [proˈfɛsɔɐ] という主語と結びつけますと，使役の助動詞の不定詞lassen*は定形に変わって主語der Professorの次に移動します.

（der Professor）　　　die Sekretärin einen Brief schreiben* lassen*

（文）　Der Professor lässt die Sekretärin einen Brief schreiben*.

　ここでちょっと視点を変えて，別の問題に注目していただきましょう．それは，いま作った文を現在完了に変えればどうなるかという問題です．

　この問題を考えるには，まずschreiben* lassen*の完了不定詞はどんな形かということから考えなければなりません．schreiben* lassen* を完了不定詞に変えるには，lassen*を過去分詞に変えたうえにさらに右どなりに完了の助動詞を添えなければなりません．辞書の記載を参照しますと，**助動詞lassen*の過去分詞はgelassenでなくてlassenです**．また，完了の助動詞はhaben*であることも分かります．そこで，schreiben* lassen*の完了不定詞は

schreiben* lassen* haben*

です．これの左どなりに関連要素をすべて並べますと使役の完了不定詞句が出来ます．

die Sekretärin einen Brief schreiben* lassen* haben*

　これと主語der Professorとを結びつけますと，右端のhaben*が主語der Professorの定形となってder Professorの次へ移動します．

— 188 —

(der Professor)　　die Sekretärin einen Brief schreiben* lassen* haben*

(文) Der Professor hat die Sekretärin einen Brief schreiben* lassen*.

《練習2》
次の日本語をドイツ語になおしなさい．
1) 私は車（mein Auto）を修理してもらう（＝修理[reparieren]させる）．

2) 私はワンピースをあつらえる（＝自分のために[mir]ワンピース（Kleid）を作[machen]らせる）．

3) 私は散髪をした（＝私は自分の[mir] 髪[die Haare]を刈[schneiden*]らせた）．

4) 彼は散髪をした（＝彼は自分の[sich：このsichはmirと同じで3格]髪[die Haare]を刈[schneiden*]らせた）．

【解答2】1)　Ich lasse mein Auto reparieren.　2)　Ich lasse mir ein Kleid machen.　3)　Ich habe **mir** die Haare schneiden lassen（236ページ参照）．4)　Er hat **sich** die Haare schneiden lassen（同上）．

第XII章　複合された不定詞句

現在完了と過去の使い分け

　ドイツ語の現在完了は過去を表す副詞といっしょに使ってもかまいません．たとえば，

　　　Was haben Sie *gestern* gemacht?（あなたはきのう何をしましたか）

のように．

　日常会話では，この用法が普通であると考えてよろしい．つまり，話し手が現在から見て過去にしたこと，見聞きしたこと，あるいは体験したことは現在完了で表します．

　　　Dein Brief hat mich sehr gefreut.（あなたの手紙うれしかったよ．
　　　［直訳：あなたの手紙は私をたいそうよろこばせた］）

　それでは，「飛行機は予定どおりに20時に着陸した」ことを過去を使って，

　　　Die Maschine landete planmäßig um 20 Uhr.

と言うのは間違いでしょうか．

　間違いではありませんが，日常会話では現在完了を使って，

　　　Die Maschine ist planmäßig um 20 Uhr gelandet.

というのが普通です．

　ところが，小説は過去形で書かれるのが普通です．はじめからおわりまで一貫して過去形のみで書かれている作品もすくなくありません．

　過去の出来事を述べるのに，日常会話では現在完了を，小説では過去を――というのが現在完了と過去の使い分けの要点です．ですから，読者は日常会話のなかで過去の出来事を述べるのにどしどし現在完了をつかえばよいのです．

　ただし，日常会話であっても，次のように現在完了形を使ったためにかえって形式的に複雑になってしまう場合は，過去形が使われます．

　　　Damals habe ich keine Zeit gehabt.→Damals hatte ich keine Zeit.
　　　　　　（その当時私には暇がなかった）

　　　Da habe ich gehen müssen.　→　Da musste ich gehen.
　　　　　　（そこで私は行かざるを得なかった）

第 XIII 章

付加語形容詞の変化

　名詞のまえにかぶせられた品詞には語尾が付きます．この語尾は名詞の性・数・格を示すはたらきをします．

　名詞のまえにかぶせられた形容詞を付加語形容詞と呼びますが，付加語形容詞にも，当然，語尾が付きます．

　この語尾の変化をおぼえるのが初心者には苦の種のようですが，原理を理解すればけっして複雑でないことが分かります．そして，原理を理解すればおぼえることは何でもありません．

　本章では，付加語形容詞の変化の原理をひらたく説明します．

第XIII章　付加語形容詞の変化

1. 付加語形容詞と冠詞類

　形容詞も文のなかで使われるとき，語尾がつくことがあります．それは**名詞の前に置かれて名詞を修飾する場合**です．と聞かされると，もうたくさんと言いたくなるかも知れませんが，御安心ください．形を変えると言っても，第IV章で習ったことを応用できる変化です．

　まず，形容詞が文のなかで使われるときでも語尾がつかないケースから見てゆきましょう．「そのコーヒーはあつい」は

　　　Der Kaffee *ist* heiß.

といいます．

　ここで使われたheißは形容詞ですが，文のなかで使われているにもかかわらず語尾がついていません．sein*動詞とともに使うこの用法は形容詞の**述語用法**といいます．

　これにたいして名詞の前に置かれて名詞を修飾する用法を**形容詞の付加語用法**といいます．たとえば，「それはあついコーヒーです」は

　　　Das ist heiß*er* Kaffee.

といいます．

　「そのミルクはあたたかい」は

　　　Die Milch ist warm.

ですが，

　「それはあたたかいミルクです」は

　　　Das ist warm*e* Milch.

といいます．

　「そのビールはつめたい」は

　　　Das Bier ist kalt.

ですが，「それはつめたいビールです」は

— 192 —

1. 付加語形容詞と冠詞類

Das ist kalt*es* Bier.

といいます．

「あついコーヒー」はheiß*er* Kaffee，「あたたかいミルク」はwarm*e* Milch，「つめたいビール」はkalt*es* Bierというように，付加語形容詞はいずれも**語尾が付いています**．

同じことが複数名詞の場合にも起こります．

「その人々は若い」は

Die Leute sind jung.

ですが，

「それは若い人々です」は

Das sind jung*e* Leute.

といいます．

これまでの例で付加語形容詞には語尾が付くことが分ります．語尾は-erとか -e とか-esとか，一見したところ一定していませんが，じつは規則性があります．そして，その規則性にとって**名詞の性が決定的**です．そのことを説明しましょう．

Kaffeeの前のheiß*er*の-erの部分は男性名詞用の定冠詞のderの-erといっしょですし，Milchの前のwarm*e*の -e の部分は女性名詞用の定冠詞のdieの -e といっしょですし，Bierの前のkalt*es*の-esの部分は中性名詞用の定冠詞のdasの-asが弱化して-esになったものです．また，Leuteの前のalt*e*の -e の部分は複数名詞用の定冠詞のdieの -e といっしょです．

定冠詞の形を暗記することはけっして無意味ではないのです．

《練習1》

次の名詞と形容詞を使ってA．「その○○は△△です」とB．「それは△△な○○です」というカップルの文を作りなさい．○○には名詞が，△△には形容詞が入ります．名詞の性は辞書で調べましょう．

1) Tee / grün　　2) Suppe / lecker　　3) Wein / alt
4) Wasser / klar　5) Leute / arm

第XIII章　付加語形容詞の変化

1) A.　　　　　　　　　　　　　B.
2) A.　　　　　　　　　　　　　B.
3) A.　　　　　　　　　　　　　B.
4) A.　　　　　　　　　　　　　B.
5) A.　　　　　　　　　　　　　B.

【解答１】1) Der Tee ist grün. / Das ist grüner Tee.　2) Die Suppe ist lecker. / Das ist leckere Suppe.　3) Der Wein ist alt. / Das ist alter Wein.　4) Das Wasser ist klar. / Das ist klares Wasser.　5) Die Leute sind arm. / Das sind arme Leute.

以上の例はいずれも名詞が１格の場合でしたが，２格・３格・４格の場合も見てみましょう．

まず４格の場合から．「私はあついコーヒーを飲みます」は

Ich trinke heiß*en* Kaffee.

といいます．
「私はあたたかいミルクを飲みます」は

Ich trinke warm*e* Milch.

です．
「私はつめたいビールを飲みます」は

Ich trinke kalt*es* Bier.

といいます．
「私は若い人々を見ます」は

Ich sehe jung*e* Leute.

1. 付加語形容詞と冠詞類

といいます．

こんども「あついコーヒーを」はheiß*en* Kaffee,「あたたかいミルクを」はwarm*e* Milch,「つめたいビールを」はkalt*es* Bier,「若い人々を」はjung*e* Leuteというように付加語形容詞にいずれも語尾が付いています．

これらの語尾はいずれも定冠詞の４格の変化にならったものです．すなわち，Kaffeeの前のheiß*en*の-enの部分は男性名詞用定冠詞denの-enといっしょですし，Milchの前のwarm*e*の-eの部分は女性名詞用定冠詞４格dieの-eといっしょですし，Bierの前のkalt*es*の-esの部分は中性名詞用定冠詞dasの-asが弱化して-esになったものです．また，Leuteの前のjung*e*の-eの部分は複数名詞用定冠詞４格dieの-eといっしょです．ちなみに定冠詞の４格は，男性名詞では１格と異なりますが，女性名詞・中性名詞・複数名詞の１／４格はそれぞれdie／das／dieであって同形です．

付加語形容詞がなぜこのように語尾をとるのでしょうか．

それは，**あとに続く名詞の性・数・格を示すため**です．heiß*er* Kaffeeの-erの部分を見た読み手はKaffeeが男性名詞・単数で１格であることを知ります．もしheiß*er* Kaffeeでなくてheiß*en* Kaffeeであれば，こんどはKaffeeが男性名詞・単数で４格であることを知ります．

warm*e* Milchやkalt*es* Bierの場合はMilchあるいはBierが１格であるのか４格であるのかを決めることはできませんが，それでも１格か４格のどちらかであって２格や３格でないことはあきらかです．alt*e* Leuteの場合も同じです．

あとに続く名詞の性・数・格を示すのは本来は冠詞類のはたらきでした．しかし，上で見た例のように名詞に冠詞類がかぶせられていない場合は，かぶせられている**形容詞が冠詞類のはたらきを引き受ける**のです．

名詞に冠詞類がかぶせられていない場合の付加語形容詞の変化を**強変化**といいます．つまり，強変化とは付加語形容詞が冠詞類のように変化する場合です．

第XIII章　付加語形容詞の変化

《付加語形容詞の強変化》

	m.	f.	n.	pl.
1格	heiß*er* Kaffee	warm*e* Milch	kalt*es* Bier	——
2格	heiß*en* Kaffees	warm*er* Milch	kalt*en* Bier[e]s	——
3格	heiß*em* Kaffee	warm*er* Milch	kalt*em* Bier	——
4格	heiß*en* Kaffee	warm*e* Milch	kalt*es* Bier	——
1格	——	——	——	alt*e* Leute
2格	——	——	——	alt*er* Leute
3格	——	——	——	alt*en* Leuten
4格	——	——	——	alt*e* Leute

　この表を見て疑問が浮かぶのは**男性の２格と中性の２格**でしょう．なぜならば，男性名詞２格の定冠詞はdesだから付加語形容詞の語尾はそれにならってheiß*es*となるはずなのに，表ではheiß*en*となっているからです．おなじく中性名詞２格の定冠詞はdesだから付加語形容詞の語尾はそれにならってkalt*es* となるはずなのに，表ではkalt*en*となっているからです．

　この疑問は男性名詞Kaffeeの２格には語尾 -s が付いていることで説明されます．つまりKaffee*s*はそれ自体で２格であることをあらわしています．ですから付加語形容詞の語尾はもはやKaffeeの格を示すはたらきを引き受けなくてもよいのです．中性名詞Bierの場合も同じです．Bier*s*の -s が２格であることを示していますので，付加語形容詞は２格を表すはたらきをしなくてよいのです．

《練習２》

　次の語句をドイツ語で格変化しなさい．

1)「甘い（süß）ジュース（Saft）」　　2)「新鮮（frisch）な空気（Luft）」

1. 付加語形容詞と冠詞類

3)「柔らかい (weich) 金属 (Metall)」　　4)「親切 (freundlich) な人々 (Leute)」

....　　　　　　............................
....　　　　　　............................
....　　　　　　............................
....　　　　　　............................

【解答2】
1) süßer Saft　　2) frische Luft　　3) weiches Metall　　4) freundliche Leute
　 süßen Saft[e]s　　 frischer Luft　　　 weichen Metalls　　　 freundlicher Leute
　 süßem Saft　　　 frischer Luft　　　 weichem Metall　　　 freundlichen Leuten
　 süßen Saft　　　　frische Luft　　　 weiches Metall　　　 freundliche Leute

　それでは逆の場合，つまり名詞に冠詞類と付加語形容詞の両方がかぶせられている場合，形容詞の語尾はどうなるでしょうか．

　あとに続く名詞の性・数・格を示すのが冠詞類の本来のはたらきであることを思い出してください．いま本来のはたらきを担う冠詞類がかぶされているのですから，名詞の性・数・格を示すはたらきは冠詞類が果たしてくれます．したがって付加語形容詞のほうは名詞の性・数・格を示すはたらきから解放されることになります．このように冠詞類と付加語形容詞はたがいに助けあう関係——**相補の関係**にあります．

　名詞に冠詞類も付加語形容詞もかぶせられている場合の付加語形容詞の変化は**弱変化**といいます．

　弱変化というのは付加語形容詞の語尾が格を示すはたらきを放棄して変化に乏しい場合です．具体例で示しましょう．

第XIII章　付加語形容詞の変化

《付加語形容詞の弱変化》

	m.	f.	n.	pl.
1格	der heiße Kaffee	die warme Milch	das kalte Bier	——
2格	des heißen Kaffees	der warmen Milch	des kalten Biers	——
3格	dem heißen Kaffee	der warmen Milch	dem kalten Bier	——
4格	den heißen Kaffee	die warme Milch	das kalte Bier	——
1格	——	——	——	die jungen Leute
2格	——	——	——	der jungen Leute
3格	——	——	——	den jungen Leuten
4格	——	——	——	die jungen Leute

付加語形容詞の弱変化の語尾は -en と -e の2種類しかありません．しかも -en が16カ所のうち11カ所を占めています．変化に乏しいのが弱変化の特徴です．

《練習3》

次の語句をドイツ語で格変化しなさい．

1) 「その悪schlecht臭Geruch」　　2) 「その過ぎ去ったvergangen時代Zeit」

3) 「その清涼erfrischend飲料水Getränk」　　4) 「その長いlang休暇Ferien」

【解答3】

1)　der schlechte Geruch
　　des schlechten Geruch[e]s
　　dem schlechten Geruch[e]

2)　die vergangene Zeit
　　der vergangenen Zeit
　　der vergangenen Zeit

	den schlechten Geruch	die vergangene Zeit
3)	das erfrischende Getränk	4) die langen Ferien
	des erfrischenden Getränk[e]s	der langen Ferien
	dem erfrischenden Getränk[e]	den langen Ferien
	das erfrischende Getränk	die langen Ferien

以上で
　①付加語形容詞にも語尾が必要であること，
　②その語尾は，付加語形容詞のほかに冠詞類がかぶせられている場合（弱変化）と，かぶせられていない場合（強変化）とで違っていること，
を理解していただけたと思います．

2. 冠詞類が語尾を欠く格

　ここで，もう一歩ふみこんで，**冠詞類のなかに**男性1格・中性1格・中性4格の3カ所で語尾が欠けているものがあったことを思い出していただきましょう．

　冠詞類のはたらきは語尾にあります．それは，語尾がさまざまに変化することによって後に続く名詞の性・数・格を示すことでした．その大切なはたらきをする語尾が男性1格・中性1格・中性4格の3カ所で欠けていることは何を意味しているのでしょう．それは，冠詞類がその3カ所では後に続く名詞の性・数・格を示すことができないということです．

　そこで質問です．

　冠詞類が後に続く名詞の性・数・格を示すことができない場合，付加語形容詞はどうすればよいでしょうか．

　冠詞類と付加語形容詞のあいだに相補の関係が成り立っているのですから，冠詞類が後に続く名詞の性・数・格を示すことができない場合は，付加語形容詞の出番です．すなわち付加語形容詞は強変化をして後に続く名詞の性・数・格を示さなければなりません．

　実例で練習するまえに，冠詞類で男性1格・中性1格・中性4格の3カ所に語尾が欠けているのはどんな単語であったのかを確認しておきましょう．

　122・123ページの一覧表のうち特定の格で語尾を欠く冠詞類の表をもう

第XIII章　付加語形容詞の変化

一度下にかかげます．■が語尾の欠けている印です．

男性名詞	mein■	dein■	sein■	unser■	euer■	Ihr■	kein■	ein■
	meines	deines	seines	uns[e]res	eu[e]res	Ihres	keines	eines
	meinem	deinem	seinem	uns[e]rem	eu[e]rem	Ihrem	keinem	einem
	meinen	deinen	seinen	uns[e]ren	eu[e]ren	Ihren	keinen	einen
女性名詞	meine	deine	seine	uns[e]re	eu[e]re	Ihre	keine	eine
	meiner	deiner	seiner	uns[e]rer	eu[e]rer	Ihrer	keiner	einer
	meiner	deiner	seiner	uns[e]rer	eu[e]rer	Ihrer	keiner	einer
	meine	deine	seine	uns[e]re	eu[e]re	Ihre	keine	eine
中性名詞	mein■	dein■	sein■	unser■	euer■	Ihr■	kein■	ein■
	meines	deines	seines	uns[e]res	eu[e]res	Ihres	keines	eines
	meinem	deinem	seinem	uns[e]rem	eu[e]rem	Ihrem	keinem	einem
	mein■	dein■	sein■	unser■	euer■	Ihr■	kein■	ein■
複数名詞	meine	deine	seine	uns[e]re	eu[e]re	Ihre	keine	──
	meiner	deiner	seiner	uns[e]rer	eu[e]rer	Ihrer	keiner	──
	meinen	deinen	seinen	uns[e]ren	eu[e]ren	Ihren	keinen	──
	meine	deine	seine	uns[e]re	eu[e]re	Ihre	keine	──

《練習》

次の句をドイツ語で単数・複数に格変化しなさい．
1) 「私の昔からのalt友人Freund」

2. 冠詞類が語尾を欠く格

2) 「彼の分厚い dick アルバム Album」

3) 「あなたの新しい neu 自動車 Auto」

4) 「私たちの美しい schön 馬 Pferd」

5) 「あなたの（親称）年上の（älter＝英語の elder）男の同胞（Bruder）」

6) 「あなたの（親称）年下の（jünger＝英語の younger）女の同胞（Schwester）」

第XIII章 付加語形容詞の変化

7)「あなたたちの（親称）大事な (lieb) 子供 (Kind)」

.... | ....
.... | ....
.... | ....
.... | ....

【解答】

1) mein alter Freund
   meines alten Freund[e]s
   meinem alten Freund[e]
   meinen alten Freund
   meine alten Freunde
   meiner alten Freunde
   meinen alten Freunden
   meine alten Freunde

2) sein dickes Album
   seines dicken Albums
   seinem dicken Album
   sein dickes Album
   seine dicken Alben
   seiner dicken Alben
   seinen dicken Alben
   seine dicken Alben

3) Ihr neues Auto
   Ihres neuen Autos
   Ihrem neuen Auto
   Ihr neues Auto
   Ihre neuen Autos
   Ihrer neuen Autos
   Ihren neuen Autos
   Ihre neuen Autos

4) unser schönes Pferd
   unseres schönen Pferd[e]s
   unserem schönen Pferd[e]
   unser schönes Pferd
   unsere schönen Pferde
   unserer schönen Pferde
   unseren schönen Pferden
   unsere schönen Pferde

5) dein älterer Bruder
   deines älteren Bruders
   deinem älteren Bruder
   deinen älteren Bruder
   deine älteren Brüder
   deiner älteren Brüder
   deinen älteren Brüdern
   deine älteren Brüder

6) deine jüngere Schwester
   deiner jüngeren Schwester
   deiner jüngeren Schwester
   deine jüngere Schwester
   deine jüngeren Schwestern
   deiner jüngeren Schwestern
   deinen jüngeren Schwestern
   deine jüngeren Schwestern

7）Ihr liebes Kind
　Ihres lieben Kind[e]s
　Ihrem lieben Kind[e]
　Ihr liebes Kind
　Ihre lieben Kinder
　Ihrer lieben Kinder
　Ihren lieben Kindern
　Ihre lieben Kinder

　冠詞類のうち不定冠詞をかぶせた名詞にさらに付加語形容詞をかぶせた場合は複雑です．たとえば

eine schön*e* Rose「1本のきれいなバラ」

は単数形で次のように変化します．

　　eine schön*e*　　Rose
　　einer schön*en*　Rose
　　einer schön*en*　Rose
　　eine schön*e*　　Rose

　しかし，複数形では不定冠詞の複数形はありえないので，無冠詞となります．無冠詞の名詞に付加語形容詞をかぶせますと，付加語形容詞は**強変化**します．

　　schön*e*　　Rosen「何本かのきれいなバラ」
　　schön*er*　　Rosen
　　schön*en*　　Rosen
　　schön*e*　　Rosen

— 203 —

第 XIV 章

細則の蔵

　ここまでドイツ語文法のシステムをできるだけ大づかみにして，根本的なところを紹介してきました．

　本章には，根本を身につけた人が初歩的なドイツ語をマスターしたと言えるためにさらに知っていなければならない事柄の概略をまとめました．

　これは知識をしまってある蔵ですから，これまでの章とちがって，述べてある順序にしたがって読む必要はありません．読者の関心のおもむくまま，あるいは必要に応じて，手当たり次第に読んでください．

　どの項目にも簡単な練習問題が付けてありますから，これをやって正解できたかどうかをみれば，自分が説明を理解したかどうかが分かります．

1. 形容詞の名詞化

　ドイツ語では形容詞の用法は三つあります．述語用法と付加語用法と副詞用法です．
　このほかに付加語用法には応用編として形容詞の名詞化があります．
　それは，たとえば「一人の病気の男性」

ein kranker Mann

のMannを省略して，そのかわりにkrankerの頭文字を大書して名詞とみなし

ein *Kranker*

でおなじ意味を表す用法です．Krankerの部分が名詞のはたらきも兼ねているので形容詞の名詞化と言います．不定冠詞をかぶせた形だけでなくて，定冠詞をかぶせた「その病気の男性」

der kranke Mann

から形容詞を名詞化して

der *Kranke*

と言うこともできます．
　また，Leuteにkrankをかぶせたkranke Leuteやdie kranken LeuteからLeuteを省略して

Kranke「何人かの病気の人々」

や

die *Kranken*「それらの病気の人々」

も作ることができます．ただ，用法は「〜な男性」を意味する男性名詞・「〜な女性」を意味する女性名詞・「〜な人々」を意味する複数名詞，ならびに抽象的な存在「〜なもの」を意味する中性名詞（たとえば，das Gute「善」やetwas Gutes「なにか或る善いもの」）に限られます．

《練習1》
次の日本語をドイツ語の形容詞の名詞用法（1格）で表しなさい．
1) 一人の男性の障害者
 （behindert：「障害のある」）
2) それらの年寄りの人々
3) なにか或る美しいもの

【解答1】 1) ein Behinderter　　2) die Alten　　3) etwas Schönes

《練習2》
次のドイツ語を日本語になおしなさい．
1) Leidenschaftliche　　2) die Taube　　3) ein Fremder

【解答2】 1) 情熱的な人々　　2) その耳の聞こえない女性　　3) 或る見知らぬ男性

2. 状態受動

Der Kellner öffnet die Tür.「ボーイはドアを開ける」
の受動は

Die Tür _wird_ von dem Kellner _geöffnet_.

です．
　これは「ドアはボーイによって開けられる」という意味です．「開ける」という動作を被るドアの立場から述べていますので「**動作受動**」といいます．
　動作受動の不定詞は

過去分詞 + werden*

— 207 —

でした.
　「状態受動」というのは「動作受動」とはまったく**別物である**と考えなければなりません．つまり助動詞がまったく違うのです．動作受動の助動詞はwerden*ですが，状態受動の助動詞は下のようにsein*です．

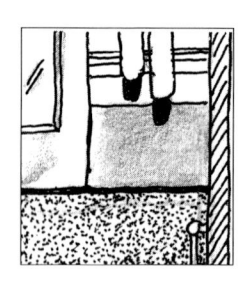

過去分詞 + sein*

これは受動の結果が状態として残っていることを表す形式ですので

Die Tür *ist geöffnet.*

の訳は状態らしさを表すように工夫しなければなりません．ドアが開かれた結果，いまは開いているのですから，「ドアは開いている」という訳が適当です．「状態受動」の名にこだわって「開かれている」と訳するのは日本語として不自然です．

　また，動作受動にはふつう行為者を表す句von dem Kellner「ボーイによって」がつきものですが，状態受動では行為者を表す句von dem Kellner「ボーイによって」は必要ありませんのでなくなっています．

《練習》
　次のドイツ語を日本語になおしなさい．
1) Die Kartoffeln sind gekocht.

2) Der Sitz ist besetzt.

【解答】1) じゃがいもはゆでてある．　2) その席はふさがっている．

3. 不定代名詞man

　ドイツ語のmanと英語のmanは綴りがおなじなので，ドイツ語のmanも「男」とか「人間」を意味すると思いこんでいる人がいます．しかし，それはあやまりです．ドイツ語のmanはばくぜんと「ひと」という意味です．

3. 不定代名詞 man

品詞も名詞ではなくて代名詞（正確に言えば不定代名詞）ですから，manが主語になっている文を訳するときは主語がはっきりと訳に現れないようにします．たとえば

Wie kommt man zum Bahnhof?

は「ひとはどのようにして駅へ行きますか」と訳さないで，「駅へはどう行くのですか」と主語をぼかして訳するのがふつうです．あるいは

Man hat mir das Fahrrad gestohlen.

も「ひとは私の自転車を盗みました」と訳さないで，主語をぼかして「私は自転車を盗まれました」と受動に訳した方が自然です．

ちなみに不定代名詞 man の格変化は変わっています．1格は man ですが，2格は eines（ほとんど使われません．また，man の所有冠詞は sein です．これと eines とを混同しないように），3格は einem，4格は einen です．

《練習》

次のドイツ語を日本語になおしなさい．

1) In diesem Sommer trägt man Miniröcke.

2) Man hat ihn zu einer Geldstrafe verurteilt.

3) Von meinem Platz aus konnte man nichts sehen.

【解答】1) この夏はミニスカートがモードです．　2) 彼は罰金刑を言い渡されました．　3) 私の席からは何も見えませんでした．（ausは副詞でvon「から」の意味をいっそうはっきりさせようとしてつけてあります）

4. 自動詞の受け身

　どんな文でも受動態に変えることができるわけではありません．一つクリアしなければならない条件があります．それは，**基になる文—能動態の文—が4格目的語を含んでいること**です．

　なぜそのような条件がついているかと言いますと，受動文を作ったとき主語になるのは能動態の文にふくまれていた4格目的語だからです．たとえば

Jäger jagen einen Bären.
　　　　　　　4格目的語

「猟師たちは熊を狩りたてる」

Ein Bär wird von Jägern gejagt.
主語（1格）

「熊は猟師たちによって狩りたてられる」

　文が4格目的語を含んでいることとは，その文の述語動詞が他動詞であることという意味です．ですから，この規則を厳重に守ると，述語動詞が他動詞でない文は受動態に変えることができないことになります．たとえば，helfen「～を手助けする」は目的語が必要な動詞であるにもかかわらず他動詞ではありませんから，下の文は本来なら受動態に変えることができません．

Die Tochter hilft der Mutter bei der Arbeit.
　　　　　　　　　　3格目的語

「娘は母親の仕事を手伝う」

　しかし，ドイツ語はこの文に一定の手を加えさえすれば受動態に変えてもよいと認めています．それは，この文にesを加えて作為的に4格目的語を作ることです．このesは指すものがありません．ただ形のうえで4格の目的語が必要なので付け加えただけです．この文を受動態に変えますと

4. 自動詞の受け身

*Die Tochter hilft es der Mutter bei der Arbeit.
　　　　　　　　　　4格目的語

Es wird von der Tochter der Mutter bei der Arbeit geholfen.
1格（主語）

となります．さらにこの文を von der Tochter からはじめますと主語 es と定形 wird が入れ替わりますが，その際 es は消失します．

Von der Tochter wird der Mutter bei der Arbeit geholfen.

できあがった文は主語がない奇妙な文ですが，ドイツ語では「自動詞の受動態」として通用します．

もう一つ例を挙げましょう．「今晩ダンスがあります」を前節で習った man を主語として次のように言います．

Man tanzt heute Abend.

この文の述語動詞は自動詞で4格の目的語がありません．したがって本来は受動態に変えることができないのですが，上の例にならって受動態に変えてみましょう．

①4格の目的語として es を付け加えます．

*Man tanzt es heute Abend.
　　　　　　4格の目的語

②4格の目的語として es ができたので，これを主語にして受動態の文を作ります．

*Es wird heute Abend von einem getanzt.

③動作主を表す von einem は実体が明確でないので取り去ります．

Es wird heute Abend getanzt.

以上で「自動詞の受動態」はできあがったのですが，さらに heute Abend

— 211 —

を文頭に移すことができます．すると主語 es と定形 wird が倒置し，es が消失します．

Heute Abend wird getanzt.

これも主語がない奇妙な文ですが，ドイツ語では「自動詞の受動態」としてりっぱに通用します．ちなみに，heute Abend は副詞句であって主語ではありません．

《練習1》
次のドイツ語を日本語になおしなさい．
1) Über die Projekte wurde lange verhandelt.

2) Im Saal wurde viel getrunken und gesungen.

【解答1】1) それらのプロジェクトについて長時間討議が行われた．
2) 広間でみんながさかんに酒を飲み歌を歌った．

《練習2》
次の日本語を受動態のドイツ語になおしなさい．
1) ここではみんなが勤勉に（fleißig）働いています（arbeiten）．

2) 観客（Zuschauer, pl.）から（von）嵐のような（stürmisch）拍手が送（klatschen）られた．

【解答2】1) Es wird hier fleißig gearbeitet. / Hier wird fleißig gearbeitet.
2) Es wurde von den Zuschauern stürmisch geklatscht. / Von den Zuschauern wurde stürmisch geklatscht.

5. zuつきの不定詞

　不定詞のまえに前置詞zuを置いたzuつきの不定詞の用法は3種類です.
①**名詞的用法**というのは，不定詞や不定詞句が名詞の代わりをして主語や目的語になる場合です.

　<u>Es</u> ist schwer, <u>diesen Berg zu besteigen</u>. 「この山に登ることは難しい」（esは不定詞句を先取りしている仮主語です）

　<u>Es</u> ist für die Gesundheit gut, <u>früh auf*zu*stehen</u>. 「朝早く起きることは健康によい」（分離動詞のzuつき不定詞は，zuを分離前綴と基礎動詞で挟みます）

　Er fing an <u>zu weinen</u>. 「彼は泣きはじめた」（anfangen*「はじめる」の目的語になっています）

②**形容詞的用法**というのは，不定詞や不定詞句が形容詞のように名詞を修飾して付加語になる場合です.

　Er hat keine Lust <u>zu essen</u>. 「彼は食欲がない」（zu essen はLust「欲求」を修飾しています）

③**副詞的用法**というのは，不定詞や不定詞句が副詞のように形容詞や述語動詞を修飾する場合です.

　Der Mann ist nicht fähig <u>zu arbeiten</u>. 「その男ははたらく能力がない」（zu arbeitenはfähigを修飾しています）

　Er kam, <u>um mich zu sehen</u>. 「彼は私に会いに来た」（um ... zu～：～するために. kamを修飾しています）

《練習》

次のドイツ語を日本語になおしなさい.

1)　Ich habe keine Zeit zu gehen.

------

2)　Er hat versprochen, noch heute zu kommen.

------

3) Es ist zu spät, um einen Spaziergang zu machen.（esは時間をあらわします．形容詞の前のzuは「あまりにも」．英語のtooに当たりますから，zu不定詞と結んだ形はtoo ... to～の構文と同じです）

【解答】1) 私は行く時間がない．　　2) 彼は今日中に来ると約束した．
3) もう遅いので散歩はできない．

6. 副文と主文

　文を構成する要素を「文肢」と呼びます．伝統的な文法では「文肢」とは主語・述語・目的語・状況語・付加語の五つです．「状況語」とはいわゆる副詞・副詞句のことだと考えてください．また，Das Mädchen ist hübsch.「その少女はかわいらしい」の述語はist hübschです．hübschは述語の部分だとみなされ「述語内容詞」と呼ばれます（97ページで一度紹介しました）．Das Mädchen ist Schülerin.「その少女は生徒です」でも同じで，述語はist Schülerinです．そしてSchülerinは「述語内容詞」です．
　Ich mache in der Stadt Einkäufe.「私は町で買い物をします」という文では，ichが主語，macheが述語，in der Stadtが状況語，Einkäufeが目的語です．
　学習が進みますと，文肢が単語ではなくて文の形をした文に出会うようになります．たとえば，Sie weiß schon, dass er gestorben ist.「彼女は彼が亡くなったことをもう知っている」という文では，sie が主語，weißが述語，schonが状況語，dass er gestorben istが目的語です．
　主語・述語・状況語は単語ですが，目的語は文の形をしています．目的語が文であることは主語（er）があり述語（gestorben ist）もあることから分かります．つまり，Sie weiß schon, dass er gestorben ist.という文はそれ自体が文である（一重の下線）のに，その内部にもう一つ文（二重の下線）を含んでいるのです．このように語句ではなくて文の形をした文肢を副文といいます．そして**副文が従属している上位の文を主文といいます**．
　副文には三つの特徴があります．それは，①頭に副文であることを示す単語がついていること（この例ではdass）と，②定形（ist）がかならず末尾

に置かれること，③前後をコンマで区切られていることです．この3点を実際の副文で具体的に確かめましょう．

..., *dass* er gestorben *ist*.

　普通の文なら，主語以外の要素が文頭に来ますと，そのあとは主語と定形が入れ替わりました（88ページ）．この文ではそのような入れ替わり（倒置）が起こっていません．また，定形istも主語の前や後でなく文末にあります．前後をコンマで区切られている点は，副文のおしまいが文末と一致しているためピリオドに変わっていますが，もし文末でなければ当然コンマになります．

　dassを辞書で引きますと，「conj.《従属の接続詞》」(conj.は「接続詞」を意味するラテン語conjunctionの短縮形）とか「従属接続詞」とか「接続詞．従属」のような記載があって，いずれもdassが「従属の接続詞」であることを教えています．それと同時に「定動詞は後置」とか「動詞の人称変化形は文末」といったような使用上の注意が書いてあります．「定動詞」は「定形」と同じで，動詞が主語の人称と数に応じて変化した形のことです．ですから，従属接続詞を使う場合は必ず定形が文末に置かれます．

　ちなみに，gestorbenは助動詞istに対して本動詞と呼ばれますが，**本動詞が定形ではありません．助動詞が定形です**．主語の人称と数に応じて変化した形を定形と呼ぶのでした．本動詞は主語の人称と数に応じて変化したりしません．主語の人称と数に無関係にいつも同じ形を保っています．

《練習》

　次のドイツ語がそれぞれどんな文肢でできているかを示しなさい．また日本語になおしなさい．

1) Weil er krank war, musste er zu Hause bleiben.
　（　　　　　　　　　　　　　　　　　　　　　　　　　　　）

2) Wissen Sie, ob dieser Bus zum Bahnhof fährt?
　（　　　　　　　　　　　　　　　　　　　　　　　　　　　）

3) Mein Vater freut sich immer sehr, wenn ich ihn besuche.
   (   )

【解答】1) <u>Weil er krank war,</u> <u>musste</u> <u>er</u> <u>zu Hause</u> <u>bleiben.</u>
           状況語   述語   主語   状況語   述語
   （彼は病気だったので，家にいなければならなかった）
2) <u>Wissen</u> <u>Sie,</u> ob dieser Bus <u>zum Bahnhof</u> fährt?
     述語   主語   目的語
   （あなたはこのバスが駅へ行くかどうか，御存知ですか．ob[ɔp]従属の接続詞．…かどうか）
3) <u>Mein Vater</u> <u>freut sich</u> <u>immer</u> <u>sehr,</u> <u>wenn ich ihn besuche.</u>
     主語   述語   状況語 状況語   状況語
   （父は私が訪れるといつもとても喜びます：sich freuen の2語で述語動詞です）

7. 関係代名詞

関係代名詞もまた副文を導きます．

関係代名詞の用法はあとで説明することにして，さきに一覧表を掲げます．関係代名詞は名前のとおり代名詞の一種ですから，ドイツ語の名詞・代名詞の例にならって性・数・格によって組織立てられています．外形は定冠詞と似ていますが，**幹母音は das と dessen 以外は長く発音します．**

性・数\格	男性単数	女性単数	中性単数	複数
1格	der	die	das	die
2格	dessen	deren	dessen	deren
3格	dem	der	dem	denen
4格	den	die	das	die

たとえば「ここにあなたが注文された本があります」に当たるドイツ語は Hier sind die Bücher, die Sie bestellt haben. といいますが，文肢に分解しま

すと，下のようになります．

<u>Hier</u> <u>sind</u> <u>die Bücher</u>, *die* Sie bestellt *haben*.
　状況語　述語　　主語　　　　　　　付加語

die Sie bestellt haben「あなたが注文された」という文がdie Bücherを修飾しています．ですからdie Sie bestellt habenは文の形をした付加語です．6．で述べた副文の三つの特徴を備えているか見てみましょう．①文頭には副文であることを示す単語として関係代名詞があります．②文末にはSieに対する定形habenが位置しています．③前後をコンマで区切られている点に関しては，dass 文の場合と同じです．

　ここでちょっと御注意．英語では関係代名詞の前にコンマがあるかどうかは訳する際に大きな問題でした．つまり，コンマがなければ限定的用法といって関係節が先行詞を限定しているように訳し，コンマがあれば継続的用法といって，コンマからあとは「そして…」と継続的に訳するのでした．**ドイツ語では関係代名詞のまえにいつもコンマを打ちます**．ですから，限定的用法であるか継続的用法であるかはコンマの有無では決められません．前後の意味から判断しなければなりません．

　さて，上の例文の関係代名詞 die は表のなかのどれでしょうか．
　この問題に答えるには関係代名詞の性・数・格の三つを確かめなければなりません．性・数・格のうち性と数は不可分離です．性が決まれば単数ですし，複数ならば性は問題になりません．
　性と数は先行詞によって決まります．例文の場合ですと die Bücher が先行詞です．Bücher は Buch の複数形ですから，性と数の問題は複数ときまりました．あとは格を見定めるだけです．**格を見定めるには，副文のなかで関係代名詞が何格であるかを見定めなければなりません**．それには，副文を文肢に分解します．すると，Sie が主語で bestellt haben が述語であることが分かりますから，あとは bestellen「注文する」が他動詞であることさえつきとめれば，die は bestellen の４格目的語であることはおのずから分かります．結局，関係代名詞 die は複数の４格ということがつきとめられました．
　関係代名詞のまえに前置詞がつく場合があります．この場合はコンマは前置詞のまえに打ちます．関係代名詞の格は前置詞に支配されますが，それにもかかわらず副文全体は先行詞の Mann にかかっています．「君は<u>彼女がい</u>

— 217 —

っしょに踊った男を知っているか」を意味する

<u>Kennst du den Mann, mit dem sie getanzt hat?</u>
　　述語　主語　目的語　　　　　付加語

では，関係代名詞demは先行詞den Mannの性・数にあわせて男性・単数，前置詞mitの支配を受けるので3格になっています．

《練習1》
　次の文の（　）のなかに適当な関係代名詞を入れなさい．また，日本語になおしなさい．
1）Hast du schon den Roman, (　) du von der Bibliothek ausgeliehen hast, bis zum Ende gelesen?

2）Ist die Frau Ihre Nachbarin, (　) da auf der anderen Seite der Straße geht?

3）Die Stadt, in (　) meine Kusine wohnt, liegt an einem kleinen See.

4）Die Leute, (　) ich meinen Erfolg verdanke, sind alle schon tot.

【解答1】　1）den．あなたは図書館から借りた小説をもうおしまいまで読みましたか．　2）die．道路の向こう側を歩いている女の人はあなたの隣人ですか．　3）der．私のいとこが住んでいる町は小さな湖のほとりにあります．　4）denen．私がそのおかげで成功した人々はみなもう亡くなっている．

関係代名詞に関して，**先行詞のいらない関係代名詞**を紹介しておきましょう．関係代名詞と言えば先行詞がつきもののように思われがちですが，先行詞

7. 関係代名詞

1格	wer	was
2格	wessen	—
3格	wem	—
4格	wen	was

のいらない関係代名詞が存在します．それは「…する人̇」を表すwerと「…するもṅoṅ」を表すwasです．werの性は男性でwasの性は中性です．格変化は表のとおりです．

「…する人̇」，「…するもṅoṅ」という訳からお分かりのように，この関係代名詞の特色は意味の中に漠然と一般的な意味の先行詞の「人」あるいは「もの」をもっていることです．そのためこの関係代名詞は**不定関係代名詞**と呼ばれます．

例文を見てください．

Wen ich einmal gesehen habe, behalte ich im Gedächtnis.「一度見た人なら，私は記憶にとどめている」．この文で関係代名詞がwerではなくてwenが選ばれているのは，関係代名詞の格は関係代名詞が**副文のなかで何のはたらきをするかによって決まる**からです．wenという4格はsehenという他動詞の目的語になっています．

Was man hofft, glaubt man gern.「望ましいと思うことは信じたくなるもの」（諺）．この文の関係代名詞は4格なのですが，それはwasがhoffenの目的語だからです．

Das ist **alles, was** ich dir sagen wollte.「これが私が君に言いたかったことのすべてだ」．wasはsagenの目的語で4格ですが，先行詞の位置にallesがあります．allesは関係代名詞ではじまる副文と同格の関係にあると考えてください．

《練習2》

次のドイツ語を日本語になおしなさい．

1) Wer das tut, hat die Folgen zu tragen.（hat ... zu 〜：〜しなければならない）

------

2) Wer A sagt, muss auch B sagen.

【解答2】1)　それをする人は結果に責任を負わなければならない．
　　2)　Aを言う者はBも言わなければならない．（諺：乗りかかった舟だ）

8. 融合形damitおよび人称代名詞の2格

　ドイツ語の学習が進むと，damitとかdaraufとかdahinterのような形に出会います．これは人称代名詞と前置詞が融合した形です．たとえば，
　Vorn ist die Kirche, und gleich <u>dahinter</u> liegt die Schule.「前方には教会があり，そのすぐ裏に学校がある」．
では，dahinterはhinter ihr（＜hinter der Kirche）の代わりをしています．da-は代名詞が変形したかたちです．ただ，この形は代名詞が人を指している場合には使うことができません．
　下の人称代名詞の全体像はすでに137ページでお目にかけました．

		1人称	2人称	3人称		
単数	1格	ich	du	er	sie	es
	2格	meiner	deiner	seiner	ihrer	seiner
	3格	mir	dir	ihm	ihr	ihm
	4格	mich	dich	ihn	sie	es
複数	1格	wir	ihr	sie　(Sie)		
	2格	unser	euer	ihrer　(Ihrer)		
	3格	uns	euch	ihnen　(Ihnen)		
	4格	uns	euch	sie　(Sie)		

　人称代名詞の2格が冠詞類と似ていることがあるため，混乱してしまう人があるかも知れません．たとえば，人称代名詞ichの2格meinerをmeine Uhrの2格<u>meiner</u> Uhrのmeinerであると思ったり，人称代名詞wirの2格unserを<u>unser</u> Hausのunserだと思ったりする誤りです．
　人称代名詞が名詞にかぶせられて使われることは決してありません．名詞にかぶせられていればかならず所有冠詞です．この点さえしっかりと頭に入れておけば混同することはありません．
　それでは人称代名詞の2格はどんな場合に使われるかといいますと，動詞の目的語になります．たとえば，Ihr dürft <u>seiner</u> nicht spotten.「あなたたちは<u>彼を</u>からかってはいけない」のseinerはspottenの目的語です．あるい

は前置詞の目的語になります．Kommt Ihr Vater zur Versammlung? Nein, statt seiner kommt mein Onkel.「あなたのお父さんが会合にいらっしゃるのですか」「いいえ，父（彼）の代わりに伯父がきます」のseinerはstattの目的語です．

　ちなみに，2格の目的語を必要とする動詞は現代ではめずらしくなりました．そして2格の目的語は，Ihr dürft nicht über ihn spotten.のように前置詞格目的語に交替しています．

9. 形容詞・副詞の比較変化

　形容詞は意味次第で「より〜な」の意味の比較級と「最も〜な」の意味の最高級に変化します．基になる形を原級と呼びます．

　比較級は原級に-erをつけて，最高級は原級に-[e]stをつけて作ります．

　　klein「小さな」　　　　kleiner　　kleinst

　　sanft「やわらかな」　　sanfter　　sanftest

最高級で-stではなくて-estを付けるのは，原級が-tや-ssでおわっている場合です．

　比較級と最高級を作る際に幹母音が変音したり，全体の形が不規則だったりする形容詞は辞書の見出し語のあとにそれぞれの形が記載されています．

　　alt「古い」　　　　　　älter　　　ältest

　　gut「よい」　　　　　　besser　　best

ドイツ語では形容詞がそのままの形で副詞としても使われます．しかし，本来の副詞も存在します．これらの不規則な比較変化も辞書に載っています．

　　gern「好んで」　　　　lieber　　am liebsten

　　bald「すぐに」　　　　eher　　　am ehesten

第XIV章　細則の蔵

形容詞の用法は，述語用法と付加語用法と副詞用法の三とおりでした．
比較級・最高級の形容詞の付加語用法：原級の場合とおなじく付加語としての語尾をつけます．

Mein **älter*er*** Bruder studiert Medizin, und mein **jünger*er*** Jura.「私の兄は医学を，そして弟は法学を学んでいます」

Der Montblanc ist der **höchst*e*** Berg in Europa.
「モンブランはヨーロッパでいちばん高い山です」

比較級・最高級の形容詞の述語用法：

Ich bin **älter als** dein Bruder.

「私はあなたの兄／弟さんよりも年上だ」

Ich bin unter uns vier*en* **am ältesten**.
「私は私たち4人のうちでいちばん年上だ」

（細かい規則ですが，4〜12の数詞のあとに名詞がないとき，3格には語尾 -en がつきます．ただし，7と10はつきません）

Der Garten ist im Herbst **am** schön**sten**.
「この庭は秋がいちばん美しい」

副詞の比較級・最高級：

Ich trinke **lieber** Tee **als** Kaffee.
「私はコーヒーよりも紅茶が好きだ」

Ich trinke lieber Tee als Kaffee, aber **am liebsten** Wasser.
「私はコーヒーよりも紅茶が好きだ．でも水がいちばん好きだ」

副詞の最高級 am 〜sten とよく似た形に aufs 〜ste があります．意味は「いちばん〜」ではなくて「きわめて〜」という意味です．

Sie schreibt **aufs** schön**ste**.
「彼女はきわめてきれいに字を書く」

《練習》
次の日本語をドイツ語になおしなさい．

1) ヴォルガ河（die Wolga）はヨーロッパで（in Europa）いちばん長い（lang）河（Fluss）です．

---

2) 私はThomasよりも2歳（2 Jahre）年上です．

---

3) 大聖堂（Dom）は市庁舎（Rathaus）よりも高い（hoch）．

【解答】1) Die Wolga ist der längste Fluss in Europa.　　2) Ich bin 2 Jahre älter als Thomas.　　3) Der Dom ist höher als das Rathaus.

10. 数詞

本文で何度か数詞が出てきましたが，体系的な説明はしませんでした．ここで数詞をまとめて紹介しましょう．

10-1. 基数

数詞の基本は**基数**（物の個数を表す数詞）です．まずは1から10までの読み方をおぼえましょう．

0 null　　**1** eins　　**2** zwei　　**3** drei　　**4** vier　　**5** fünf
6 sechs　　**7** sieben　　**8** acht　　**9** neun　　**10** zehn

一がeinでなくてein*s*であることに御注意ください．
二桁の基数のうち11と12は特別な綴りです．
11 elf　　**12** zwölf

二桁の基数のうち13～19は，3～9に-zehnを付けて作ります．

13 dreizehn **14** vierzehn [ˈfɪrtseːn]（vierの幹母音は長音でしたが，vier-のあとに綴りがつくと短音になります）**15** fünfzehn **16** sechzehn（sechsの最後の-sが落ちます）**17** siebzehn（siebenの最後の2文字が落ちますからbの発音は[p]となります）**18** achtzehn（achtの最後の-tが次の-zehnの-zと並んで-tz-[ts]となりますから全体の発音は[ˈaxtseːn]です）**19** neunzehn．

その上の **20** はzwanzig [ˈtsvantsɪç]といいますが，以降一桁目が0の数は30から90までおなじ作り方をします．

30 dreißig [ˈdraɪsɪç] **40** vierzig（vierの幹母音は長音でしたが，vierzehnの場合と同じように，vier-のあとに綴りがつくと短音になります [ˈfɪrtsɪç]）**50** fünfzig **60** sechzig（sechsの最後の-sが落ちます [ˈzɛçtsɪç]）**70** siebzig（siebenの最後の2文字が落ちたあとに別の綴りが来ますからbの発音は[p]となります）**80** achtzig（achtに-zigを足しただけですが，-tz-は[ts]と発音しますから全体の発音は[ˈaxtsɪç]です）**90** neunzig．

21以上の二桁の基数は，「1と20」のように一桁目を先に言わなければなりません．「1と20」というときは「1」はeinsではなくてeinです．ein-のあとになお綴りが続くときは-sが落ちてしまいます．なお，21以上の二桁の基数を綴りで書くとき，**undの前後を離してはいけません**．

21 einundzwanzig **22** zweiundzwanzig **23** dreiundzwanzig
24 vierundzwanzig **25** fünfundzwanzig **26** sechsundzwanzig
27 siebenundzwanzig **28** achtundzwanzig **29** neunundzwanzig

百はeinhundert，千はeintausend，万はzehntausend，十万はhunderttausend，百万は女性名詞でeine Million[miliˈoːn]，五百万は「5個の百万」というわけでfünf Million*en*．

桁の多い数字は三桁ごとに少し間隔をあけることになっていますので，たとえば「345万6千789」は3 456 789と書きます．読み方はdrei Millionen vierhundertsechsundfünfzigtausendsiebenhundertneunundachtzigです．

年号は百の位を単位にして，たとえば**1789**はsiebzehn*hundert*neunundachtzigと読みます．ただし，**1099**までは基数とおなじです（(ein) tausendneunundneunzig）．

小数は日本語の読み方とおなじですが，小数点にコンマを使いますので，

たとえば円周率の近似値は，**3,14159** drei Komma eins vier eins fünf neun と読みます．

　時刻を表すには24時間式が簡便です．

$\quad$ **Wieviel Uhr ist es?**「今何時ですか」
$\quad$ **Es ist eins.**「1時です」
$\quad$ **Es ist 9 Uhr 15.**「9時15分です」(Es ist neun Uhr fünfzehn.)
$\quad$ **Es ist 16 Uhr 30.**「4時半です」(Es ist sechzehn Uhr dreißig.)

《練習》

次の数字を綴りで書きなさい．

1) 41

2) 879

3) 3495

4) 1945（年号として読んでください）

【解答】1) einundvierzig　　2) achthundertneunundsiebzig
$\quad$ 3) dreitausendvierhundertfünfundneunzig
$\quad$ 4) neunzehnhundertfünfundvierzig

10-2. 序数

「第何番目の」を意味する数詞を**序数**といいます．意味からして名詞の付加語となりますので，序数には付加語形容詞の語尾がつきます．ハイフンはそのことを示しています．

　序数は基数を基にして作ります．すなわち，① 1から19までは「基数＋

-t」(ただし,「第1番目の」はerst,「第3番目の」はdritt,「第8番目の」はacht),②20以上は「基数+-st」.

1. erst- 2. zweit- 3. dritt- 4. viert- 5. fünft- 6. sechst-
7. siebt- 8. acht- 9. neunt- 10. zehnt- 11. elft- 12. zwölft-
13. dreizehnt- 14. vierzehnt- 15. fünfzehnt- 16. sechzehnt-
17. siebzehnt- 18. achtzehnt- 19. neunzehnt- 20. zwanzigst-
21. einundzwanzigst- 29. neunundzwanzigst- 30. dreißigst-
99. neunundneuzigst- 100. hundertst-(語末の発音に御注意.-t と -s で[ts],さらに-t がついて[-tst]),101. hunderterst-

序数をアラビア数字で書くときはあとにピリオドを打つのを忘れないように.打つのを忘れると基数だと受け取られます.

日付けを言うときは序数の出番です.
「今日は5月26日です」**Heute ist der 26. Mai.**
と言うときの26.は Heute ist der sechsundzwanzigste Mai. と読まなければなりません. der sechsundzwanzigste とはあとに1格の男性名詞 Tag が省略された「第26番目の日」という意味です.der sechsundzwanzigste が Mai にかかっているのではありません.

「今日は5月26日です」の別の言い方は
Wir haben heute den 26. Mai.
ですが,この場合は Wir haben heute den sechsundzwanzigsten Mai. と読まなければなりません. den sechsundzwanzigsten のあとに4格の男性名詞 Tag が省略されています.

日付けを問う場合は
「今日は何日ですか」**Der wievielte ist heute?**
と言います.基数を問う疑問詞は wiviel で,序数を問う疑問詞はこれに-t を加えた wievielt- ですが,形容詞の場合とおなじく前に定冠詞,あとに語尾がついています. Der wievielte「何番目の日」のあとに Tag が省略されました.

「今日は何日ですか」の別の形は
Den wievielten haben wir heute?
ですが,この場合は Den wievielten のあとに Tag が省略されました.

「あなたはいつ生まれましたか」Wann sind Sie geboren? と問われて,**自分の**

生年月日を答える場合，たとえば，「私は1987年11月17日に生まれました」は

Ich bin am 17. November 1987 geboren.

といいますが，am 17.は上の例とおなじようにam siebzehn*ten* と読まなければなりません．am siebzehn*ten*のあとには言うまでもなくTagが省略されています．「○日に」の「に」を表す前置詞はanですが，前置詞anと男性3格の定冠詞demが融合してan + dem → amとなりました．年号の読み方はneunzehnhundertsiebenundachtzigですね．

11. 直説法と命令法

　文の内容は<u>事実が述べてある</u>のがふつうです．事実を述べるとき使われる動詞の活用形式を文法用語で**直説法**と呼びます．これまで本文で習った動詞の活用形式は，肯定平叙文のみならず疑問文や否定文で使われても，また能動態・受動態のどちらで使われても，すべて直説法でした．

　命令というと軍隊を連想しますが，必ずしも軍隊でなくて日常の生活でも親しい者どうしのあいだでは「早く来いよ」とか「早く来てちょうだい」のように命令が行われます．命令文の内容は命令された人が命令に従うときはじめて事実となるのですから，<u>事実を述べてあるのとは別</u>です．そこで，命令のための定形をつくる形式が別に用意されています．これを文法用語で**命令法**と呼びます．

　「命令」の特色は，①目の前の人にむかって発せられること（つまり2人称の定形しか作ることができません），②現在時点でしか行われないこと（つまり過去形の命令などあり得ません）の二つです．

　命令法の形式は次のとおりです．

duに対して	ihrに対して
不定詞の語幹 + e!	不定詞の語幹 + t!

　命令文も不定詞句から作ります．「毎日勤勉に学べ」の不定詞句は，まず不定詞arbeitenを右端に置いて，その左どなりへ「勤勉に」fleißigを，さらにその左どなりへは「毎日」jeden Tagを置きます．

第XIV章　細則の蔵

jeden Tag fleißig <u>arbeiten</u>
不定詞

　さて，文を作るにはこの不定詞句を主語と結びつけなければなりません．主語と結びつけますと，不定詞は主語の人称と数にかなった定形に変形されて主語の次に移動します．

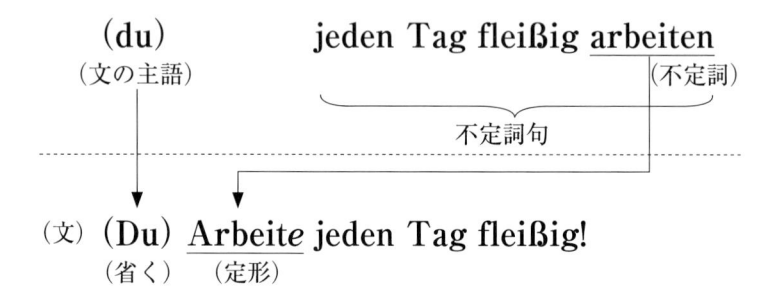

(du)　　jeden Tag fleißig <u>arbeiten</u>
(文の主語)　　　　　　　　　　　　　(不定詞)

不定詞句

(文) **(Du)** <u>Arbeite</u> jeden Tag fleißig!
　　(省く)　(定形)

　命令文では主語が省略されます．また，文末にはピリオドではなくて感嘆符が置かれます．主語がihrなら

(Ihr) <u>Arbeitet</u> jeden Tag fleißig!

となります．
　主語がduの場合，定形の語尾-eがしばしば省かれます．また，不規則な変化をする動詞については，一々辞書の巻末の変化表で「命令法」の欄を調べなければなりません．なお主語がihrの場合は，命令法は直説法現在の定形とおなじです．

Mach das Fenster auf!　「窓を開けなさい」(＜auf|machen)

Sprich lauter!
　　「もっと大きな声で話しなさい」(＜sprechen*; lauter はlautの比較級)

Sei ehrlich!　「正直であれ」(＜sein*: duに対して)

Seid ehrlich!　「正直であれ」(＜sein*: ihrに対して)

11. 直説法と命令法

「さあ〜しましょう」(英語のLet's 〜!)にあたる形式は「命令法」の応用です．使役動詞lassenの命令形 (lass!／Lasst!) を応用して「私たちを〜させよ」(直訳) Lass uns 〜!／Lasst uns 〜!と言えばよいのです．

Lass uns 〜!とLasst uns 〜!の使い分けは次のとおりです．

話し手一人と相手が一人 (du) の場合はLass uns 〜!を使って，「さあ〜しましょう」．話し手一人と相手が二人以上 (ihr) の場合はLasst uns 〜!を使って，「さあ〜しましょう」．

Lass uns noch ein Glas Wein trinken!
「もう一杯ワインを飲もうよ」(noch「なお」；ein Glas Wein「グラス一杯のワイン」)

Lasst uns spazieren gehen!
「さあ散歩しよう」(spazieren gehen「散歩する」)

《練習》
次の日本語をドイツ語になおしなさい．
1) 窓を閉め (zu|machen) てください (duに対して)．

2) 医者 (Arzt) を呼 (rufen*) んでください．

3) 席について (Platz nehmen*) ください (ihrに対して)．

4) さあプールへ (ins Schwimmbad) 行こう (相手が二人以上)．

【解答】 1) Mach das Fenster zu!   2) Ruf[e] den Arzt!
3) Nehmt Platz!   4) Lasst uns ins Schwimmbad gehen!

12. 直説法と接続法第Ⅰ式

　直説法は事実を述べるための動詞の活用形でした（227ページ）．ですから

Jeder Student <u>arbeitet</u> fleißig.

　　「どの学生も勤勉に勉強している」

という文は，この文の話し手あるいは書き手の見るところ「どの学生も勤勉に勉強している」のは事実であることを意味しています．ところが，下線部をarbeiteと変えますと

Jeder Student <u>arbeite</u> fleißig.

　　「どの学生も勤勉に勉強するように」

という意味に変わります．訳からこの文の話し手あるいは書き手がそう願っていることが分かります．願っているということは，この文の話し手あるいは書き手の見るところ「どの学生も勤勉に勉強している」のが事実とは思えないことを意味しています．

　事実でない事柄が事実となるよう願うことを文法では「要求」と呼びます．そして，ドイツ語には要求であることを表すための定形をつくる特別な形式があります．それを接続法第Ⅰ式と呼びます．

　接続法第Ⅰ式は，不定詞の語幹に次の語尾を付けて作ります．例外はlächeln「ほほえむ」やwandern「徒歩旅行をする」のように不定詞が-eln／-ernで終わる動詞で，127ページで示した変則的な変化をします．ただし，第3人称単数は第1人称単数と同形です．また，sein*動詞はichとer/sie/esの定形に語尾がつきません．

ich	－ e		ich	sei
du	－ est		du	sei[e]st
er/sie/es	－ e		er/sie/es	sei
wir	－ en		wir	seien
ihr	－ et		ihr	seiet
sie(Sie)	－ en		sie(Sie)	seien

敬称のSieを主語として「要求」する文を作りますと，いわゆる「**ていねいな命令**」になります．そのときの定形は接続法第Ⅰ式にしたがって作りますが，本当の命令文ではありませんので，主語Sieを省くことはできません．

 そして，「要求」であることを示すために主語Sieと述語動詞が入れ替わります．

Kommen Sie hierher[ˈhiːɐ̯ˈheːɐ]！

「（直訳）あなたがこちらへ来るように → こちらへ来てください」

Machen Sie das Fenster auf!

「（直訳）あなたが窓を開けるように → 窓を開けてください」

Sprechen Sie lauter! 「（直訳）あなたがもっと大きな声で

話すように → もっと大きな声で話してください」

Seien Sie ehrlich[ˈeːɐlɪç]！

「（直訳）あなたが正直であるように → 正直にしてください」

「ていねいな命令」に「どうか」bitteを添えるときは，普通，文頭や文末よりは文の途中—たいていSieのあとに—入れます．

Kommen Sie *bitte* hierher!

「どうかこちらへお出でください」

Machen Sie *bitte* das Fenster auf!

「どうか窓を開けてください」

Sprechen Sie *bitte* lauter[ˈlautɐ]！

「どうかもっと大きな声で話してください」

 Wirを主語として「要求」する文を作っても「〜しようではないか」と誘う文を作ることができます．このとき「要求」であることを示すために主語**wir**と述語動詞が入れ替わります．また，文末に感嘆符を打ち，下がり調子に読みます．

第XIV章　細則の蔵

Gehen wir ins Kino [ˈkiːno] !
「(直訳) 私たちが映画に行くように → 映画に行こう」

《練習》
次の日本語をドイツ語になおしなさい.
1) どうか私にこの絵 (Bild n.) を説明 (erklären) してください.

2) どうぞ御自由に取ってお召し上がりください (＝どうぞ御自身に給仕し [sich bedienen] てください).

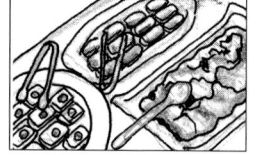

3) もはや (mehr) 戦争 (Krieg m.) がない (es gibt 〜がある＋kein＋4格目的語) ように.

4) 山へ (in die Berge) 徒歩旅行 (wandern) しよう.

【解答】 1)　Erklären Sie mir bitte dieses Bild!　2)　Bitte, bedienen Sie sich!　3)　Es gebe keinen Krieg mehr.　4)　Wandern wir in die Berge!

13. 直説法と接続法第Ⅱ式

　直説法とは事実を述べる定形を作るための形式のことでした（227ページ／230ページ）．

　　Du bist hier.

は直説法のbistを使って「あなたがここに居る」という事実を述べていますが，

　　Ach, wärest du doch hier!

のようにbistをwärestに置き換えますと，「あゝ，あなたがここに居ればなあ」という願望を述べる文に変わります．wärestは「実際はあなたはここに居ないのに，居ると仮定する」ことを示すための形です．dochは願望を強調している副詞で，日本語の語尾の「なあ」に当たると考えてください．

　このような陳述内容は直説法の否定文で表すことができません．直説法の否定文は「あなたはここに居ない」という意味を表しますが，これは「あなたがここに居る」という事実の否定です．

　「あなたがここに居ないと知っているが，居ると仮定する」ということを聞き手あるいは読み手に伝えることは，直説法ではできません．それには定形を**接続法第Ⅱ式**にしたがって作らなければなりません．

　例文の意味からお分かりのように，これは現在における仮定です．それで，ここで使われる接続法第Ⅱ式を**接続法第Ⅱ式現在**と呼びます．

　接続法第Ⅱ式現在の定形の作り方は次のようです．

　A．規則変化をする動詞の場合，直説法の過去形をそのまま利用します．

　B．不規則な変化をする動詞の場合，辞書の巻末の変化表に記載されている「接続法第Ⅱ式」の形に下の語尾をつけます．

A.

ich	－[e]te
du	－[e]test
er/sie/es	－[e]te
wir	－[e]ten
ihr	－[e]tet
sie(Sie)	－[e]ten

B.

ich	－
du	－ st
er/sie/es	－
wir	－ n
ihr	－ t
sie(Sie)	－ n

第XIV章　細則の蔵

233ページの例は現在にかかわる陳述でしたが，**過去にかかわる仮定の陳述にも接続法第Ⅱ式が使われます**．たとえば

Sie <u>ist</u> ertrunken. 彼女はおぼれ死んだ．

は「事実」を述べた文ですが，**現在完了の助動詞を下のように接続法第Ⅱ式の形に置き換えると**，「彼女はすんでのところでおぼれ死ぬところだった」のように，「過去において事実にはなりえなかった事柄」という意味合いが表現されます．この形を**接続法第Ⅱ式過去**といいます．

Fast <u>wäre</u> sie ertrunken.

文頭の副詞 fast は「すんでのところで」という意味です．

接続法第Ⅱ式過去の作り方は次のようです．

A. 本動詞の完了の助動詞が haben* の場合

ich	hätte	… 過去分詞
du	hättest	… 過去分詞
er/sie/es	hätte	… 過去分詞
wir	hätten	… 過去分詞
ihr	hättet	… 過去分詞
sie/Sie	hätten	… 過去分詞

B. 本動詞の完了の助動詞が sein* の場合

ich	wäre	… 過去分詞
du	wärest	… 過去分詞
er/sie/es	wäre	… 過去分詞
wir	wären	… 過去分詞
ihr	wäret	… 過去分詞
sie/Sie	wären	… 過去分詞

《練習》

次の日本語をドイツ語になおしなさい．
1) 彼はすんでのところでその列車（Zug m.）に乗り遅れる（ver-

säumen t.）ところだった．

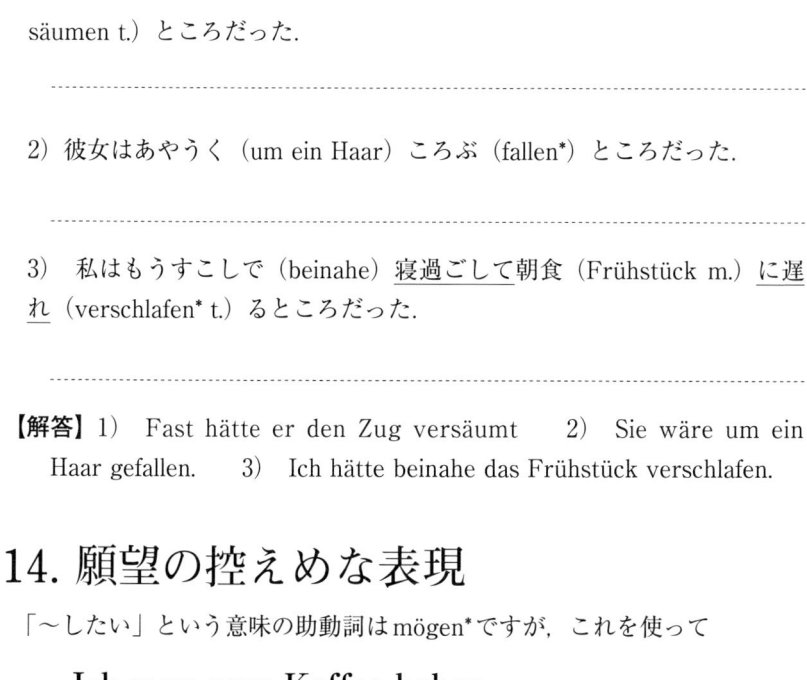

2) 彼女はあやうく（um ein Haar）ころぶ（fallen*）ところだった．

3) 私はもうすこしで（beinahe）寝過ごして朝食（Frühstück m.）に遅れ（verschlafen* t.）るところだった．

【解答】1) Fast hätte er den Zug versäumt　2) Sie wäre um ein Haar gefallen.　3) Ich hätte beinahe das Frühstück verschlafen.

14. 願望の控えめな表現

「～したい」という意味の助動詞はmögen*ですが，これを使って

Ich mag gern Kaffee haben.

と言いますと，「私はとてもコーヒーがほしい」という意味になって，自分の願望をストレートに表現したことになります．しかし，助動詞mögen*の部分を接続法第Ⅱ式に代えた

Ich möchte gern Kaffee haben.

は，自分の願望であるにもかかわらず「事実でなくて仮定だ」として発話していることになり，控えめな感じを与えます．さしずめ「コーヒーがほしいのですが」というような日本語の感じになります．その意味でこの接続法第Ⅱ式は社会生活のなかで大切なはたらきをします．

《練習》
次のドイツ語を日本語になおしなさい．
1) Ich möchte mir die Hände waschen.

2) Ich möchte zum Hauptbahnhof gehen.

3) Ich möchte rote Rosen haben.

【解答】1) 手を洗いたいのですが（＝「トイレを使わせてほしい」の婉曲な言い方．mir は「私の」．3格なのに「～の」を表すので，「所有の3格」といいます．189ページの《練習2》の3)と4)参照）． 2) 中央駅へ行きたいのですが． 3) 赤いバラがほしいのですが．

15. 仮定的前提と仮定的結論

接続法第Ⅱ式が使われる典型的な文は，下のように「もし…であれば」という仮定的前提部と「…だろうに」という仮定的結論部で成り立っています．

Wenn ich Zeit hätte, hülfe ich dir.
「もし時間が許せば，あなたに手をかすだろうに」
　　　　副文　　　　　　　主文

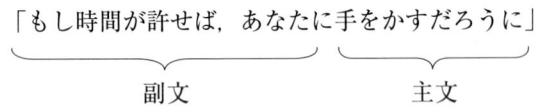

haben*「持っている」は，右肩についているアステリスクから分かるように，不規則な変化をする動詞ですので，辞書を参照しますと，「接続法第Ⅱ式」の欄にhätteと書いてあります．これを233ページの表Bにあてはめます．一方，helfen* も不規則な変化をする動詞ですので，辞書を参照しますと，「接続法第Ⅱ式」の欄にhülfeと書いてあります．これも同ページの表Bにあてはめます．haben*ならびにhelfen*の活用は下のとおりです．

ich	hätte	ich	hülfe
du	hättest	du	hülfest
er/sie/es	hätte	er/sie/es	hülfe
wir	hätten	wir	hülfen
ihr	hättet	ihr	hülfet
sie(Sie)	hätten	sie(Sie)	hülfen

15. 仮定的前提と仮定的結論

　仮定的前提部は**副文**の形をとり，仮定的結論部は**主文**となります．副文の外見上の特色は従属接続詞などではじまり定形で終わることでした．例文では，副文はwennではじまりhätteで終わっています．また，副文が先行するときは主文は定形と主語が倒置することになっていましたが，例文ではhülfeとichが入れ替わっています．

　副文のwennを省略することができます．その場合はwennの位置へ定形が移動します．

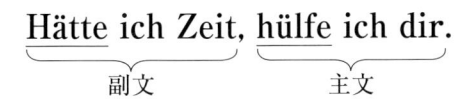

<u>Hätte ich Zeit,</u> <u>hülfe ich dir.</u>
　　　副文　　　　　　主文

また，主文を先に出して副文を後に並べることもできます．

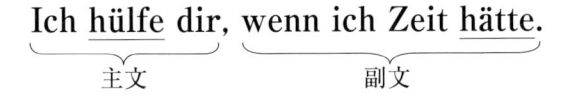

<u>Ich hülfe dir,</u> <u>wenn ich Zeit hätte.</u>
　　主文　　　　　　　副文

《練習 1》
次のドイツ語を日本語になおしなさい．

1) Wenn es in einem Hochhaus keinen Fahrstuhl gäbe, müssten die Leute die Treppen zu Fuß hinaufsteigen.

----

2) Wenn es ihm ernst wäre, spräche er ganz anders.

----

3) Wenn du ihm hülfest, könnte er Erfolg haben.

【**解答 1**】 1) もし高層建築にエレベーターがなければ，人々は階段を徒歩で上がらなければならないだろうに．　　2) もし彼が本気ならば，まったく別の話し方をするだろうに．　　3) もしあなたが彼に手をかしてやるならば，彼は成功するだろうに．

— 237 —

第XIV章　細則の蔵

　上は現在にかかわる事柄の仮定ですが，過去にかかわる事柄を仮定する場合は，定形を234ページで説明した**接続法第Ⅱ式過去**で置き換えます．
　「もしお金が**あったならば**，その辞書を**買ったのだが**」という文を作るとしますと

Wenn ich Geld gehabt hätte,
　　　　副文
　　　　　　　hätte ich das Wörterbuch gekauft.
　　　　　　　　　　　　　　主文

もう一つ例を挙げます．

Wenn es nicht so viel geregnet hätte,
　　　　　　副文
　　　　　wäre der Urlaub besser gewesen.
　　　　　　　　　　　　主文

「もし雨がそんなに多く降らなかったならば，休暇はもっとよかったのだが」
副文のwennを省略しますと，定形のhätteがwennの位置へ移動します．

Hätte es nicht so viel geregnet,
　　　　　wäre der Urlaub besser gewesen.

また，主文と副文を入れ替えますと，下のようになります．

Der Urlaub wäre besser gewesen,
　　　　主文
　　　　　wenn es nicht so viel geregnet hätte.
　　　　　　　　　　　　　副文

《練習2》
次のドイツ語を日本語になおしなさい．
1) Wenn ich einen Job bekommen hätte, hätte ich mir ein Motorrad gekauft.

2) Wenn ich keine Panne gehabt hätte, wäre ich pünktlich gewesen.

3) Wenn du fleißig gearbeitet hättest, hättest du das Zertifikat bekommen.

【解答2】 1) もしアルバイトにありついていたならば，自分にバイクを買ったのだが． 2) もし故障を起していなかったならば，時間を守れたのだが． 3) もしあなたが勤勉に勉強していたならば，あなたは終了証明書をもらっていたのだが．

16. 接続法第Ⅱ式の代替形式

仮定的結論部の接続法第Ⅱ式現在は次の形で置き換えることができます．

würde + 不定詞

würdeというのはwerden*の接続法第Ⅱ式です．würde + 不定詞の形が便利な点は，不規則な動詞の接続法第Ⅱ式の形を一つ一つおぼえていなくてもwürdeの活用を一つ知っていればすむことです．würdeは右のように活用します．

ich	würde
du	würdest
er/sie/es	würde
wir	würden
ihr	würdet
sie(Sie)	würden

前節で見た例文を「würde + 不定詞」で置き換えてみましょう．

Wenn ich Zeit hätte, *würde* ich dir helfen.

Hätte ich Zeit, *würde* ich dir helfen.

Ich *würde* dir helfen, wenn ich Zeit hätte.

《練習》
次のドイツ語を日本語になおしなさい．また，ドイツ語の下線部を「würde＋不定詞」で置き換えなさい．

1) Wenn es mir gut ginge, nähme ich am Marathonlauf teil.
　（　　　　　　　　　　　　　　　　　　　　　　　　　　　　）
2) Wenn er hier wäre, freute ich mich sehr.
　（　　　　　　　　　　　　　　　　　　　　　　　　　　　　）
3) Wenn ich mehr Geld hätte, führe ich gleich nach Mexiko.
　（　　　　　　　　　　　　　　　　　　　　　　　　　　　　）

【解答】1) もし体の調子がよければ，マラソンに加わるだろうに．Wenn es mir gut ginge, würde ich am Marathonlauf teilnehmen.　　2) もし彼がここにいるならば，とても嬉しいだろうに．Wenn er hier wäre, würde ich mich sehr freuen.　　3) もし私にもっとお金があれば，すぐにメキシコへ行くだろうに．Wenn ich mehr Geld hätte, würde ich gleich nach Mexiko fahren.

17. 間接話法

誰かが言ったことばを言ったとおりに再現することを**直接話法**といいます．

Er sagte mir: „Ich bin älter als du."
　　伝達動詞　　　　　　被伝達文
彼は私に「ぼくはきみよりも年上だ」と言った．

17. 間接話法

　これにたいして，彼のことばを書き手（あるいは話し手）のことばで再現することを**間接話法**といいます．
　被伝達文が平叙文の場合，直接話法の文を間接話法の文に変換するには次の手続きが必要です．
① 　コロン（：）をコンマ（，）に変える．
② 　引用符（„と"）を取り去る．
③ 　被伝達文のなかの人称代名詞や所有代名詞を書き手／話し手の視点から見た関係に書き改める．（例文について言えば，ich は書き手／話し手から見れば → er．du は書き手／話し手から見れば → ich）．
④ 　被伝達文の定形を接続法第Ⅰ式に改める．
　　　Ich bin älter als du.
　　　↓　　↓　　　　　↓
　　　Er　sei　älter als ich.
以上の手続きを終えると間接話法の文ができあがります．

Er sagte mir, er sei älter als ich.

《練習 1》
次のドイツ語を日本語になおしなさい．また間接話法に変えなさい．
1)　Die Verkäuferin sagte mir: „Das Kleid passt Ihnen gut."
　　（　　　　　　　　　　　　　　　　　　　　　　　　　）
　　---

2)　Die blinde Frau sagte meinem Vater: „An Ihrer Stimme erkenne ich Sie."
　　（　　　　　　　　　　　　　　　　　　　　　　　　　）
　　---

3)　Der Onkel sagte der Tante: „Ich wünsche dir zum Geburtstag alles Gute!"
　　（　　　　　　　　　　　　　　　　　　　　　　　　　）

第XIV章　細則の蔵

【解答1】 1)　売り子は私に「そのドレスはあなたの体にぴったりです」と言った. Die Verkäuferin sagte mir, das Kleid passe mir gut.　2)　その目が不自由な女性は私の父に「声で私はあなたが分かります」と言った. Die blinde Frau sagte meinem Vater, sie erkenne ihn an der Stimme.　3)　伯父は伯母に「誕生日おめでとう（直訳は：あなたの誕生日にあたって御多幸を祈ります）」と言った. Der Onkel sagte der Tante, er wünsche ihr zum Geburtstag alles Gute.

<u>被伝達文が疑問文の場合を見てみましょう．</u>
　被伝達文が疑問文の場合，伝達動詞にはfragenが使われます．関連して，fragenが他動詞であるため，目的語はmirでなくてmichに変わります．

Er fragte mich: „Hast du Zeit?"

　前の4段階の手続きのうち③の手続きが複雑になります．すなわち，被伝達文をob「…かどうか」ではじまる副文に変えます．関連して，疑問符はなくなります．

Er fragte mich, ob ich Zeit <u>habe</u>.

　被伝達文の定形habeに御注目ください．habenの活用は直説法でもich habeでしたから，このままでは接続法第Ⅰ式と区別できません．そこで，**間接話法の定形が直説法の定形と一致する場合は接続法第Ⅱ式で置き換えます．**

Er fragte mich, ob ich Zeit <u>hätte</u>.

《練習2》
　次のドイツ語を日本語になおしなさい．また間接話法に変えなさい．
1)　Die Mutter fragte die Tochter: „Hast du Hunger?"
　　--
　　(　　　　　　　　　　　　　　　　　　　　　　　　　　　　　)
2)　Die Lehrerin fragte den Schüler: „Hast du mich verstanden?"
　　--
　　(　　　　　　　　　　　　　　　　　　　　　　　　　　　　　)

3)　Der junge Mann fragte mich: „Darf ich Sie einen Augenblick stören?"

　　（　　　　　　　　　　　　　　　　　　　　　　　　　　）

【解答2】1)　母は娘に「おなかがすいているかい」と尋ねた．Die Mutter fragte die Tochter, ob sie Hunger habe.　2)　先生は生徒に「私の言うことが分かりましたか」と尋ねた．Die Lehrerin fragte den Schüler, ob er sie verstanden habe.　3)　その若い男は私に「ちょっとお邪魔してよろしいですか」と尋ねた．Der junge Mann fragte mich, ob er mich einen Augenblick stören dürfe.

<u>被伝達文が疑問詞ではじまる疑問文の場合</u>を見てみましょう．

Er fragte mich: „Wie alt ist dein Vater?"

例の4段階のうち③の手続きがまた変わります．すなわち，被伝達文を**疑問詞ではじまる副文**に変えます．関連して，疑問符はなくなります．

Er fragte mich, wie alt mein Vater sei.

《練習3》
次のドイツ語を日本語になおしなさい．また間接話法に変えなさい．
1)　Sie fragte ihren Mann: „Warum bist du so müde?"

　　（　　　　　　　　　　　　　　　　　　　　　　　　　　）
2)　Ich fragte den Bahnangestellten: „Wann kommt der Zug an?"

　　（　　　　　　　　　　　　　　　　　　　　　　　　　　）
3)　Ich fragte den Professor: „Wie geht es Ihnen?"

　　（　　　　　　　　　　　　　　　　　　　　　　　　　　）

第XIV章　細則の蔵

【解答3】 1)　彼女は夫に「なぜそんなに疲れているのか」と尋ねた. Sie fragte ihren Mann, warum er so müde sei.　2)　私は駅員に「その列車はいつ着くか」とたずねた. Ich fragte den Bahnangestellten, wann der Zug ankomme.　3)　私は教授に「ごきげんはいかがですか」と尋ねた. Ich fragte den Professor, wie es ihm gehe.

　<u>被伝達文が命令文の場合</u>は，241ページで述べた4段階の手続きのうち④の手続きが変わります．すなわち，被伝達文の述語をsollen*の接続法第Ⅰ式＋本動詞の不定詞に替えます．関連して被伝達文の感嘆符はなくなります．

　　Er sagte mir: „Komm schnell nach Hause zurück!"

　　Er sagte mir, ich <u>solle</u> schnell nach Hause <u>zurückkommen</u>.

　被伝達文がていねいな調子の「命令」であれば，伝達動詞にはbitten*が使われます．関連して，bitten*が他動詞であるため，目的語はmirでなくてmichに変わります．また被伝達文の述語にはmögen*の接続法第Ⅰ式＋本動詞の不定詞もしくはmögen*の接続法第Ⅱ式＋本動詞の不定詞を使います．

　　Sie bat ihn: „Rufe mich bald wieder an!"

　　Sie bat ihn, er <u>möge</u> sie bald wieder <u>anrufen</u>.

あるいは

　　Sie bat ihn, er <u>möchte</u> sie bald wieder <u>anrufen</u>.

《練習4》
次のドイツ語を日本語になおしなさい．また間接話法に変えなさい．
1)　Der Mann bat mich: „Können Sie mir bitte das Salz reichen?"
　　(　　　　　　　　　　　　　　　　　　　　　　　　　　　)

17. 間接話法

2) Die Mutter bat die Tochter: „Geh mal bitte in den Keller und hole Kartoffeln."
   (   )
   ----

3) Die Kinder baten die Erzieherin: „Erzähle uns bitte ein Märchen!"
   (   )

【解答4】1)　男は私に「すみませんが塩をまわしていただけませんか」と頼んだ．Der Mann bat mich, ich möge ihm das Salz reichen.　2)　母親は娘に「ちょっと地下室へ行ってジャガイモをとってきておくれ」と言った．Die Mutter bat die Tochter, sie möge in den Keller gehen und Kartoffeln holen.　3)　子どもたちは保母さんに「私たちにおとぎ話をしてください」と頼んだ．Die Kinder baten die Erzieherin, sie möge ihnen ein Märchen erzählen.

第XIV章　細則の蔵

名詞化形容詞の辞書への登録

　243ページの《練習3》に出てきた「駅員」はBahn「鉄道」とAngestellter「社員」を足して作った合成名詞ですが，Angestellter「社員」の部分はanstellen「雇う」の過去分詞angestellt「雇われた」（過去分詞は形容詞としても使われます）を名詞化して作られました．すべての変化を書き出すと，下のようになります．

　　　　男性名詞化した場合　　　　　　女性名詞化した場合
　der Angestellte / ein Angestellter　　die Angestellte / eine Angestellte
　des Angestellten / eines Angestellten　der Angestellten / einer Angestellten
　dem Angestellten / einem Angestellten　der Angestellten / einer Angestellten
　den Angestellten / einen Angestellten　die Angestellte / eine Angestellte

　　　　複数名詞化した場合（性の区別なし）
　　　　　die Angestellten / Angestellte
　　　　　der Angestellten / Angestellter
　　　　　den Angestellten / Angestellten
　　　　　die Angestellten / Angestellte

　さて，この名詞は辞書にどう登録されているでしょうか．
　見出しをAngestellteとしている辞書があります．しかし，Angestellteだけでは，Angestellterが無視されてしまいます．それを防ごうとして，ある辞書は見出しの右肩に#を付けています．▽を付けている辞書もあります．これらの記号が付いている場合は，忘れずに男性名詞として不定冠詞をかぶせた形はein Angestellterとしなければなりません．
　見出しをAngestellte[r]としている辞書もあります．これは男性名詞化して定冠詞をかぶせた場合の1格Angestellteと，不定冠詞をかぶせた場合の1格Angestellterを重ねているのです．見出しが二通りあることになりますので，この辞書は「見出し語の語尾変化は形容詞の付加語用法と同じである」という注意書を添えています．もっと親切な辞書は，AlteあるいはAlte[r]を引きなおすよう指示していて，そこにaltを使った名詞化形容詞の語形変化の一覧表があります．

— 246 —

索　引

（索引なんて無用な付け足しだと思っている人へ）

　索引をひんぱんに引く人は勉強上手な人です．
　本文を読んでいて，この事項は一度説明を読んだ覚えがあるけれどももうひとつよく分かっていないと思ったら，目次を見かえすか索引を引きましょう．事項が出てきたページが分かります．そのページの説明をもう一度読んでください．
　索引を引けば引くほど，頭のなかの知識は正確になります．完全にマスターしたと思う項目に印をつけてみてください．

索 引

ア
アクセント ……………………………… 14
am〜sten ………………………………222
aufs〜ste ………………………………222

イ
1格 …………………………………… 53, 82
移動方向 ………………………………145
イントネーション
　疑問詞で始まる疑問文の〜 ……108
[i:]と[ɪ]の違い ……………………… 25

ウ
[u:]と[ʊ]の違い ……………………… 28

エ
[e:]と[ɛ]の違い ……………………… 24
-e-の省略 … 67, 113, 120, 123, 127, 228
-e-の挿入 ………………… 129, 162, 173
-e-の前のs[z] ………………………123
(s)の記号 ……………………………166
es
　作為的に加える〜 ………………210
　〜の消失 …………………………211
l／Lの発音 ………………………… 13
-rの発音
　長母音の次の〜 ………… 30, 54, 62
-erの発音 ……………………… 40, 56
-eln型の動詞 ………………… 127, 230
-ern型の動詞 ………………… 127, 230
et.の意味 ……………………………140
[ŋ]の発音 ……………………………23

オ
[o:]と[ɔ]の違い ……………………… 27
おまえ …………………………………120

カ
格変化 ………………………………… 68
過去基本形 …………………………162
過去分詞 ……………………………162
　ge-が付かない〜 …………………164
頭文字の大書 ………………………… 17
関係代名詞
　先行詞のいらない〜 ……………218
　〜の幹母音 ………………………216
　〜の前のコンマ …………………217
冠詞類 ………………………………112
間接話法 ……………………………241
完了時称 ……………………………165
完了の助動詞 ………………………166
完了不定詞 …………………………165
　〜の訳 ……………………………176

キ
基数 …………………………………223
規則動詞 ……………………………… 57
基礎動詞 ……………………………152
疑問詞は文頭 ………………………108
強変化
　付加語形容詞の〜 ………………195

ケ
形容詞の述語的用法 ………………… 81
形容詞の付加語的用法 ……………192

索　引

形容詞の副詞的用法 …………………… 79
形容詞の名詞化 …………………………206
gelassen に代わる lassen ……………188
原級 ………………………………………221

コ

合成名詞 …………………………………246
語幹 ……………………………………… 44
語幹の母音 ………………………………131
コンマ
　　ja / nein の後の〜 …………………104

サ

再帰代名詞 ………………………………149
再帰動詞 …………………………………149
最高級 ……………………………………221
sein の過去人称変化 …………………170
誘う文 ……………………………………231
３基本形（動詞の）……………………162
３・４格支配の前置詞 …………………142

シ

使役の助動詞 ……………………………187
弱変化
　　付加語形容詞の〜 …………………197
従属（の）接続詞 ………………………215
熟語 ……………………………………… 99
主語のない文 ……………………………212
述語（形容詞＋sein）…………………176
述語形容詞→形容詞の述語的用法
述語動詞 sein …………………………… 97
述語内容詞 ………………………… 97, 214
述部 ……………………………………… 94

受動
　　〜態の条件 …………………………210
　　〜不定詞 ……………………………177
　　主文 …………………………………214
　　状況語 ………………………………214
小数点 ……………………………………224
状態受動 …………………………………208
焦点
　　話の〜 ……………………………… 90
序数 ………………………………………225
女性語尾 -in …………………………… 58
所有冠詞 …………………………………220
所有の３格 ………………………………236
進行形 ……………………………………146
sich setzen ……………………………147

ス

推量
　　過去に向けられた話者の ………176
　　話者の〜 ……………………………161

セ

静止場所 …………………………………145
接続法第Ⅰ式 ……………………………230
接続法第Ⅱ式 ……………………………233
　　〜過去 ………………………………234
　　〜現在 ………………………………233
　　〜による接続法第Ⅰ式の置き換え
　　　　…………………………………242
接頭辞 ……………………………………152
先行詞 ……………………………………217
前置詞格目的語 …………………………101
前置詞と定冠詞の融合 …………………150

索　引

～の否定 …………………………… 102
全文否定 ……………………………… 95
　　～の nicht …………………… 104

ソ

相補の関係 ………………………… 197

タ

第１人称 ……………………………… 44
第２人称 ……………………………… 44
　　第２人称敬称 …………………… 45
　　第２人称親称 …………………… 45
第３人称 ……………………………… 44
das は単数も複数も指せる ………… 54
たぶん ……………………………… 160

チ

直説法 ……………………………… 227
直接話法 …………………………… 240

ツ

つぶやきの[ə] ……………………… 14

テ

定形 …………………………… 44, 215
定形第１位 ………………………… 92
定形第２位 ………………………… 89
定形倒置 …………………………… 88
定動詞後置 ………………………… 215

ト

動作受動 …………………………… 207

動作主
　　受動態の～ …………………… 211
時の副詞
　　da ……………………………… 173
　　damals ………………………… 174
特定の存在と定冠詞 ………………… 64

ニ

～によって ………………………… 177
人称代名詞と所有冠詞の区別 …… 220
人称変化 ……………………………… 45

ノ

能動 ………………………………… 177

ハ

haben の過去人称変化 …………… 170
話し手の意志 ……………………… 159
(h)の記号 ………………………… 166

ヒ

比較級 ……………………………… 221
否定冠詞 …………………………… 94
被伝達文 …………………………… 240
非人称動詞 ………………………… 159
非分離前綴
　　→非分離動詞につく接頭辞
非分離動詞 ………………………… 153
　　～につく接頭辞 ……………… 154
　　～のアクセント ……………… 164
ピリオド
　　短縮の印としての～ …………… 83

索　引

フ

- 付加語形容詞 …………………… 191
- 不可算名詞 ……………………… 94
- 不規則動詞 ……………………… 57
- 複合時称 ………………………… 158
- 複合動詞 ………………………… 152
- 複数では性の区別をしない ……… 45
- 複数名詞用の不定冠詞は存在しない
  ………………………………… 52
- 副文 ……………………… 214, 237
- 物質名詞 ………………………… 95
- 不定関係代名詞 ………………… 219
- 不定冠詞の省略 ………… 58, 94, 106
- 不定冠詞句 ……………………… 76
- 不特定の存在と不定冠詞 ………… 64
- 文肢 …………………………… 214
- 文頭 …………………………… 90
- 文末 …………………………… 81
- 分離動詞のアクセント ………… 164
- 分離前綴 ……………………… 152

ヘ

- phの発音 ……………………… 22

ホ

- 本動詞 ………………………… 215

ミ

- 未知と既知 ……………………… 64
- 未知の存在 ……………………… 64
- 未来完了
  - 〜不定詞 …………………… 175
- 〜不定詞句 …………………… 175
- 未来の助動詞 ………………… 158
- 未来不定詞 …………………… 158

ム

- 無冠詞
  - 熟語に含まれる名詞の〜 ……… 100
  - 複数形名詞の〜 ……………… 120

メ

- 名詞的用法（zu不定詞）……… 213
  - →形容詞的用法（zu不定詞）… 213
  - →副詞的用法（zu不定詞）…… 213
- 名詞のはたらき
  - 間接目的語 …………………… 66
  - 主語 …………………………… 66
  - 所有者 ………………………… 66
  - 文の要素として ……………… 65
  - 目的語 ………………………… 66
- 命令法 ………………………… 227

ユ

- y / Yの発音 …………………… 29

ヨ

- 要求の接続法 ………………… 230
- jn.の記号 ……………………… 140

レ

- レベル
  - 不定詞の〜 …………………… 77
  - 文の〜 ………………………… 77

ワ

話題 ……………………………… 90
話法の助動詞 ……………………184

|著者紹介|

乙政　潤 ［おとまさ・じゅん］
　　　　大阪外国語大学名誉教授（ドイツ語学）

目録進呈 落丁本・乱丁本はお取替えいたします。

平成25年4月10日　　Ⓒ第1版発行

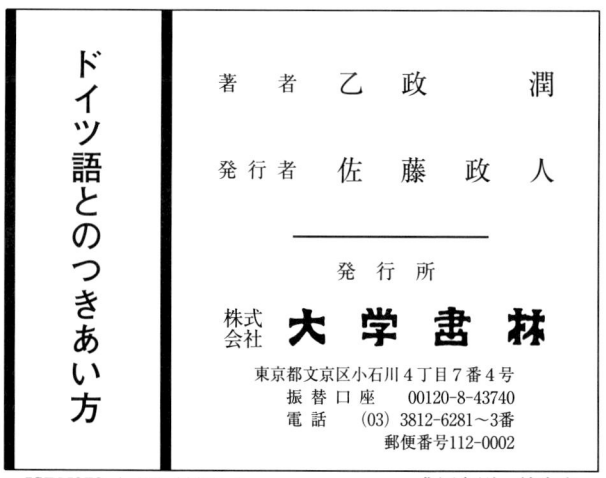

ドイツ語とのつきあい方

著　者　　乙　政　　　潤

発行者　　佐　藤　政　人

発　行　所

株式会社　**大 学 書 林**

東京都文京区小石川4丁目7番4号
振 替 口 座　　00120-8-43740
電　話　(03) 3812-6281〜3番
郵便番号112-0002

ISBN978-4-475-00926-3　　　　　豊国印刷・精光堂

大学書林
語学参考書

著者	書名	判型	頁数
乙政 潤 著	入門ドイツ語学研究	Ａ５判	200頁
乙政 潤 著	日独比較表現論序説	Ａ５判	202頁
乙政 潤 著	ドイツ語オノマトペの研究	Ａ５判	400頁
浜崎長寿・乙政潤 編 野入逸彦	日独語対照研究	Ａ５判	248頁
乙政 潤・ガイド・ヴォルデリング 共著	ドイツ語ことわざ用法辞典	Ｂ６判	376頁

ドイツ語文法シリーズ

著者	書名	判型	頁数
浜崎長寿・乙政潤・野入逸彦 著	①ドイツ語文法研究概論	Ａ５判	256頁
浜崎長寿・橋本政義 著	②名詞・代名詞・形容詞	Ａ５判	200頁
成田 節・中村俊子 著	③冠詞・前置詞・格	Ａ５判	184頁
浜崎長寿・野入逸彦・八本木 薫 著	④動詞	Ａ５判	208頁
井口 靖 著	⑤副詞	Ａ５判	176頁
村上重子 著	⑥接続詞	Ａ５判	208頁
野入逸彦・太城桂子 著	⑦語彙・造語	Ａ５判	196頁
枡田義一 著	⑧発音・綴字	Ａ５判	208頁
乙政 潤・橋本政義 著	⑨副文・関係代名詞・関係副詞	Ａ５判	184頁
乙政 潤 著	⑩表現・文体	Ａ５判	192頁
鈴木康志 著	体験話法	Ａ５判	224頁
橋本政義 著	ドイツ語名詞の性のはなし	Ａ５判	152頁
新保雅浩・草本 晶 編	ドイツ語分類単語集	新書判	280頁
小島公一郎 著	ドイツ語史	Ａ５判	312頁
塩谷 饒 著	ドイツ語の諸相	Ａ５判	216頁
渡辺格司 著	低ドイツ語入門	Ａ５判	204頁
小柳篤二 著	新しい独文解釈法	Ｂ６判	416頁
浜崎長寿 著	ゲルマン語の話	Ｂ６判	240頁
下宮忠雄 著	ゲルマン語読本	Ｂ６判	168頁

― 目録進呈 ―

大学書林
語学参考書

著訳者	書名	判型	頁数
工藤康弘・藤代幸一 著	初期新高ドイツ語	A5判	216頁
藤代幸一・岡田公夫・工藤康弘 著	ハンス・ザックス作品集	A5判	256頁
塩谷饒 著	ルター聖書	A5判	224頁
古賀允洋 著	中高ドイツ語	A5判	320頁
浜崎長寿 著	中高ドイツ語の分類語彙と変化表	B6判	176頁
浜崎長寿・松村国隆 編	ニーベルンゲンの歌	A5判	232頁
戸澤明 訳／佐藤牧夫・他 著	ハルトマン・フォン・アウエ　哀れなハインリヒ	A5判	232頁
赤井慧爾・他 訳著	ハルトマン・フォン・アウエ　イーヴァイン	A5判	200頁
尾崎盛景・高木実 著	ハルトマン・フォン・アウエ　グレゴリウス	A5判	176頁
山田泰完 訳著	ヴァルター・フォン・デァ・フォーゲルヴァイデ　愛の歌	A5判	224頁
須沢通 著	ヴォルフラム・フォン・エッシェンバハ　パルツィヴァール	A5判	236頁
古賀允洋 著	クードルーン	A5判	296頁
佐藤牧夫・他	ゴットフリート・フォン・シュトラースブルク　リヴァリーンとブランシェフルール	A5判	176頁
岸谷敏子・柳井尚子 訳著	ワルトブルクの歌合戦	A5判	224頁
岸谷敏子・他 著	ドイツ中世恋愛抒情詩撰集　ミンネザング	A5判	312頁
石川光庸 訳著	古ザクセン語　ヘーリアント（救世主）	A5判	272頁
髙橋輝和 著	古期ドイツ語文法	A5判	280頁
新保雅浩 訳著	中高ドイツ語　オトフリートの福音書	A5判	266頁
斎藤治之 著	中高ドイツ語　メルクリウスとフィロロギアの結婚	A5判	232頁
藤代幸一・檜枝陽一郎・山口春樹 著	中世低地ドイツ語	A5判	264頁
藤代幸一 監修／石田基広 著	中世低地ドイツ語　パリスとヴィエンナ	A5判	212頁

― 目録進呈 ―

大学書林
語学参考書

著者	書名	判型	頁数
小泉 保 著	改訂 音声学入門	A5判	256頁
小泉 保 著	言語学とコミュニケーション	A5判	228頁
下宮忠雄 編著	世界の言語と国のハンドブック	新書判	280頁
佐藤知己 著	アイヌ語文法の基礎	A5判	416頁
小泉 保 著	現代日本語文典	A5判	208頁
大城光正 吉田和彦 著	印欧アナトリア諸語概説	A5判	392頁
千種眞一 著	古典アルメニア語文法	A5判	408頁
湯田 豊 著	サンスクリット文法	A5判	472頁
上田和夫 著	イディッシュ語文法入門	A5判	272頁
栗谷川福子 著	ヘブライ語の基礎	A5判	478頁
千種眞一 著	ゴート語の聖書	A5判	228頁
勝田 茂 著	オスマン語文法読本	A5判	280頁
小沢重男 著	蒙古語文語文法講義	A5判	336頁
津曲敏郎 著	満洲語入門20講	B6判	176頁
小泉 保 著	ウラル語統語論	A5判	376頁
池田哲郎 著	アルタイ語のはなし	A5判	256頁
黒柳恒男 著	アラビア語・ペルシア語・ウルドゥー語対照文法	A5判	336頁
森田貞雄 著	アイスランド語文法	A5判	304頁
児玉仁士 著	フリジア語文法	A5判	306頁
塩谷 亨 著	ハワイ語文法の基礎	A5判	190頁
森田貞雄 三川基好 小島謙一 著	古英語文法	A5判	260頁
河崎 靖 フレデリック 著	低地諸国(オランダ・ベルギー)の言語事情	A5判	152頁
斎藤 信 著	日本におけるオランダ語研究の歴史	B6判	246頁

― 目録進呈 ―